项目资助

本书由长春师范大学学术专著出版计划项目资助；系全国教育科学规划项目（ECA160411）、吉林省教育厅科学研究重点项目（JJKH20230877SK）、吉林省教育科学规划项目（GH24625）的研究成果。

教师在线自我调节学习精准干预研究

赵艳 / 著

中国社会科学出版社

图书在版编目（CIP）数据

教师在线自我调节学习精准干预研究／赵艳著.
北京：中国社会科学出版社，2024.12. -- ISBN 978-7-5227-4622-7

Ⅰ. G451.2

中国国家版本馆 CIP 数据核字第 2024P5W064 号

出 版 人	赵剑英
责任编辑	赵　丽
责任校对	李　莉
责任印制	郝美娜

出　　版	中国社会科学出版社
社　　址	北京鼓楼西大街甲 158 号
邮　　编	100720
网　　址	http：//www.csspw.cn
发 行 部	010-84083685
门 市 部	010-84029450
经　　销	新华书店及其他书店

印　　刷	北京明恒达印务有限公司
装　　订	廊坊市广阳区广增装订厂
版　　次	2024 年 12 月第 1 版
印　　次	2024 年 12 月第 1 次印刷

开　　本	710×1000　1/16
印　　张	14.25
字　　数	203 千字
定　　价	88.00 元

凡购买中国社会科学出版社图书，如有质量问题请与本社营销中心联系调换
电话：010-84083683
版权所有　侵权必究

前　　言

在线学习由于学习资源丰富，学习时间、空间灵活，有利于解决中小学教师（以下简称"教师"）日常工作和学习的矛盾，逐渐成为教师在职学习的一条有利途径，拓展了教师在职学习的空间。教师在线学习过程中，利用相关的学习策略，自定步调进行学习，潜移默化地转变为自我调节学习者。已有研究者认为自我调节学习是在线学习者获得成功的一个重要组成部分，被认为是在职人员实现终身学习的一项关键能力。可见，在线学习环境下培养教师自我调节学习能力对于提升学习效果、促进教师专业发展均具有重要意义。然而，如何利用教师在线学习过程中产生的丰富学习数据，动态地诊断教师在线自我调节学习状态，有针对性地提供干预，提升教师在线自我调节学习能力？学习分析为本书提供了新的视角，将学习分析纳入教师在线自我调节学习诊断与干预的研究范畴，通过对教师在线学习的相关数据进行分析，能够对教师在线学习过程进行全程跟踪，可以更全面、准确地诊断教师在线自我调节学习存在的问题，有利于精准、有效地为教师提供在线自我调节学习干预服务。

本书从学习分析的视角，以教师在线自我调节学习为切入点，在教师在线自我调节学习现状分析的基础上，重点参考乔治·西门斯提出的学习分析过程模型，以社会认知理论为依托，进行教师在线自我调节学习干预设计，并进行实证研究，旨在通过切实有效的学习干预，促进教师在线自我调节学习能力的提升，进而整体提升教师在线学习效果，促进教师专业持续发展。具体研究内容包括：

第一章为绪论，主要从国家政策对中小学教师继续教育的重视、教师在线学习的蓬勃发展、在线学习数据的丰富性、在线学习存在的不足、自我调节学习能力对在线学习及终身学习的重要性、学习分析技术的发展等方面阐述本书的研究背景及选题缘由，提出本书的研究问题、研究意义、研究目标、研究内容、研究思路及研究方法。

第二章为文献综述及理论基础，主要从教师在线学习的发展现状、自我调节学习研究现状、学习分析技术相关研究等方面进行文献综述，并重点对国内外教师在线学习的干预方式、自我调节学习构成要素、过程模型、测评方法、学习分析模型、学习分析应用进行归纳总结与述评，并对本书研究问题所涉及的社会认知学习理论、成人学习理论以及体验学习理论等支持理论进行深入分析及阐述。

第三章为教师在线自我调节学习现状调查分析，首先在分析已有相关文献的基础上，通过向专家咨询、对部分参与在线学习的教师进行访谈，编制了具有43个题项，且信效度相对较高的教师在线自我调节学习问卷。利用此问卷对J省C市1500名教师进行调查，并辅以对部分教师进行访谈，分析当前教师在线自我调节学习现状及存在问题。

第四章为教师在线自我调节学习精准干预设计，结合对已有研究的分析，对学习干预做出适合本书的概念界定。在此基础上，通过理论分析，结合教师在线自我调节学习现状，从学习分析视角设计教师在线自我调节学习的干预框架。干预框架主要包括干预要素、干预机制、干预对象三部分核心内容。依据干预框架，结合齐莫尔曼·巴里自我调节学习过程模型进行教师在线自我调节干预过程设计，具体干预过程包括计划与准备阶段干预、执行与控制阶段干预以及评价与反思阶段干预。

第五章为教师在线自我调节学习干预实证研究，研究者依据自己工作实际情况，选取国培计划教师信息技术应用能力提升在线学习项目开展实证研究。在真实的在线学习环境中，依据本书所构建的教师在线自我调节学习干预框架，以及在线自我调节学习干预过程进行实证研究。通过对教师的个人基本信息、在线自我调节学习水平以及学习行为数据分析，动态诊断学习者的在线自我调节学习状态，设计恰当的干预策略，并通过实验班与对照班进行对比，验证干预策略的有效性。

第六章为实证数据收集与分析，主要获取实证研究实施过程中教师填答的问卷数据、学习反思日志数据、学习作品数据、在线学习行为数据，在对数据进行结构化处理后，依据研究的具体目标，采用统计分析、内容分析等方法进行分析，验证教师在线自我调节学习干预的效果。

第七章为研究结论与展望，对本书的主要研究结论及创新点进行归纳总结，并提出后续研究展望。

本书的创新之处主要表现在：第一，从强调教师网络远程培训到关注教师在线自我调节学习，突出了教师在专业发展中的主体地位，是一个理念上的变化，体现了教师教育的演进和超越。第二，从学习分析的视角进行干预框架设计，充分利用相关在线学习数据对教师在线自我调节学习进行动态诊断与分析，据此为教师提供有针对性的持续干预，在一定程度上保障了干预的精准性与有效性，体现了研究视角和研究思路的创新。第三，以社会认知理论的三元交互理论以及齐莫尔曼·巴里自我调节学习理论为依托，设计针对学习者个人、学习行为、学习环境的"提示—反馈—推荐"相结合的干预机制，基于此干预机制，在实践中从多角度出发设计干预策略，丰富和拓宽了教师在线自我调节学习干预的思路和途径，研究成果易于转化为教育实践。

本书是笔者多年来理论学习与工作实践相结合的研究成果，书稿的完成与顺利出版除了笔者自己的辛苦努力和付出外，还得益于工作单位领导的支持与帮助以及本学科领域专家的点拨和启迪。在本书从撰写到完成的整个过程中，东北师范大学教育技术学专业赵蔚教授一直给予悉心指导与帮助，得到长春师范大学科研处和教育学院的大力支持。本书的顺利出版受到长春师范大学学术出版专项计划项目的资助，中国社会科学出版社及编辑老师鼎力帮助。同时，本书的完成离不开在调查和实践过程中给予支持、帮助的各位教师同仁，在此向他们表达深沉的谢意！

由于研究重点和研究时间的局限性，本书未能对教师在线自我调节学习能力改善的持续效果以及对学生的影响进行关注。未来，笔者将对这方面进行关注，通过走入课堂进行现场观察分析，考察教师在线自我调节学习能力提升的持久性与迁移作用，以及对学生学习的影响；本书以初中历史教师为研究对象展开实证研究，验证干预框架、干预过程、干预策略的有效性，所得出的结论对于其他学段、其他学科的教师是否有效，仍需扩大研究范围，通过对不同学段、不同学科教师在线自我调节学习干预进行实践研究加以检验。同时，随着时代与技术的不断发展与进步需要持续对学习者学习行为数据分析方法和分析工具进行深入研究，以便更加方便、快捷、精准地对学习者在线自我调节学习进行干预。此外，受笔者时间和研究者个人能力所限，书中难免存在疏漏和不足之处，敬请各位读者和同行批评指正！

目　　录

第一章　绪论 …………………………………………………… （1）
　　第一节　研究背景 ………………………………………… （1）
　　第二节　研究问题与意义 ………………………………… （6）
　　第三节　研究目标与内容 ………………………………… （8）
　　第四节　研究思路与方法 ………………………………… （10）

第二章　文献综述与理论基础 ………………………………… （12）
　　第一节　文献综述 ………………………………………… （12）
　　第二节　理论基础 ………………………………………… （47）

第三章　教师在线自我调节学习现状调查分析 ……………… （55）
　　第一节　教师在线自我调节学习调查工具设计 ………… （55）
　　第二节　教师在线自我调节学习现状调查 ……………… （72）

第四章　教师在线自我调节学习精准干预设计 ……………… （88）
　　第一节　教师在线自我调节学习干预框架构建 ………… （90）
　　第二节　教师在线自我调节学习干预过程设计 ………… （106）

第五章 实证研究设计与实施 (111)
　　第一节　实证研究目的与研究假设 (111)
　　第二节　实证研究方法 (112)
　　第三节　实证研究程序 (115)
　　第四节　实证研究实施 (138)

第六章 实证数据收集与分析 (142)
　　第一节　实证数据收集与处理 (142)
　　第二节　实证数据分析 (151)
　　第三节　实证研究结论与讨论 (177)

第七章 研究结论与展望 (181)
　　第一节　研究结论 (182)
　　第二节　研究创新 (185)
　　第三节　研究展望 (186)

参考文献 (187)

附录1　中小学教师在线自我调节学习问卷 (200)

附录2　在线自我调节学习干预策略满意度问卷 (207)

附录3　学习计划制订提示框架 (210)

附录4　学习反思日志提示框架 (211)

附录5　信息技术与学科教学融合教学设计提示框架 (213)

附录6　持续学习计划提示框架 …………………………… (216)

附录7　评估阶段反思提示 ………………………………… (217)

附录8　历史学科必修课程学习内容 ……………………… (218)

附录9　历史学科选修课程学习内容 ……………………… (219)

第 一 章

绪　　论

第一节　研究背景

党的二十大报告首次对教育、科技、人才进行"三位一体"的总体部署，推进教育数字化成为建设数字中国、教育强国的重要任务，而教师作为教育数字化发展战略行动的关键资源，更是成为当前教育研究的重点。数字化转型是世界范围内教育变革的主要方向和重要载体，数字化技术引入教育，不但改变了教育的场景，还让教师的教学方式、学生的学习方式发生了变化。《义务教育课程方案和课程标准（2022年版）》明确提出发挥新技术的优势，探索线上线下深度融合，服务个性化学习。可见，线上线下教育融合这一教学模式是促进教育教学改革，建设高质量教育体系的重要路径和载体。一线教师如何适应这种教与学的变革？有学者提出体验先行，让教师参加"互联网+"教师专业发展，体验在线学习特点。然而，在线学习时空分离，对学习者的主动性要求很高，学习者需要在学习过程中依据学习目标，不断地激发学习动机，利用相关学习策略，自定步调学习，最终转变为自我调节学习者。已有研究者认为自我调节学习是在线学习者获得成功的一个非常重要组成部分，被认为是在职人员实现终身学习的一项关键能力。因此，在线学习环境下培养教师自我调节学习能力对于提升学习效果、促进教师专业发展均具有重要意义。

中国非常重视教师的专业发展，在促进教师专业发展模式、方法、路径方面制定了一系列政策文件。早在2010年，《国家中长期教育改革和发展规划纲要（2010—2020）》指出："有好的教师，才有好的教育。要加强教师队伍建设，不断提高教师业务水平，建设高素质教师队伍。"[1] 2011年1月，《教育部关于大力加强中小学教师培训工作的意见》进一步明确："教师培训是加强教师队伍建设的重要环节，是推进素质教育，促进教育公平，提高教育质量的重要保证。要创新教师培训模式、方法，提高教师培训质量，积极开展教师远程培训，适应现代信息技术迅猛发展的新形势，充分发挥现代远程教育手段在教师培训中的作用，开展大规模的教师培训。"[2] 2013年5月《教育部关于深化中小学教师培训模式改革全面提升培训质量的指导意见》进一步明确指出："营造网络学习环境，推动教师终身学习。"[3] 2018年1月，《中共中央国务院关于全面深化新时代教师队伍建设改革的意见》明确指出，要全面提高中小学教师质量，建设一支高素质专业化的教师队伍。开展中小学教师全员培训，促进教师终身学习和专业发展。转变培训方式，推动信息技术与教师培训的有机融合，实行线上线下相结合的混合式研修。[4] 2021年3月，《中华人民共和国国民经济和社会发展第十四个五年规划和2035年远景目标纲要》，提出加快数字化发展，建设高素质专业化教师队伍，提升教师教书育人能力素质。发挥在线教

---

[1]《国家中长期教育改革和发展规划纲要（2010—2020年）》（https://www.gov.cn/jrzg/2010-07/29/content_1666937.htm）。

[2]《教育部关于大力加强中小学教师培训工作的意见》（https://www.gov.cn/gongbao/content/2011/content_1907089.htm）。

[3]《教育部关于深化中小学教师培训模式改革全面提升培训质量的指导意见》（http://www.moe.gov.cn/srcsite/A10/s7034/201305/t20130508_151910.html）。

[4]《中共中央 国务院关于全面深化新时代教师队伍建设改革的意见》（https://www.gov.cn/xinwen/2018-01/31/content_5262659.htm）。

育优势，完善终身学习体系，建设学习型社会。① 2022年7月《教育部等六部门关于推进教育新型基础设施建设构建高质量教育支撑体系的指导意见》明确指出，以教育新基建壮大新动能、创造新供给、服务新需求，促进线上线下教育融合发展，推动教育数字转型、智能升级、融合创新，支撑教育高质量发展。② 一系列的政策文件均明确强调提升教师的专业素质的重要性，阐明变革教师教育方式，充分利用大数据、智能技术、移动设备、互联网技术变革教师培训方式，促进线上线下融合式教师专业发展。目前，中国很多国培、省培以及地区级的教师全员培训项目均利用在线学习的形式开展，网络开放性、资源丰富性以及不受时空限制的特点，为教师随时、随地进行学习提供了可能，也使得在线学习成为促进教师专业发展，终身学习的有利途径之一。

在线学习环境由于时空的分离，学习者有更多的自主权，可以自定步调进行学习，在学习过程中必然要转变为自我调节学习者。已有相关研究表明，自我调节学习是学习者在线学习获得成功非常关键的组成部分，被认为是在职人员实现终身学习的一项关键能力。具有较高自我调节学习能力的学习者在线学习效果较好，学习收获较大；相反自我调节学习能力较低的学习者在线学习效果相对较差，学习者大多会感觉学习迷航，甚至会有挫败感。阿泽维多·罗杰等在2004年发表的文章中表明，在线学习环境中学习效果不理想的大学生，在学习过程中很少运用有效的认知学习策略以及元认知监控学习策略。③ 玛丽亚·班纳特等研究者的研究表明，很多

---

① 《中华人民共和国国民经济和社会发展第十四个五年规划和2035年远景目标纲要》（http://www.gov.cn/xinwen/2021-03/13/content_5592681.htm）。
② 《教育部等六部门关于推进教育新型基础设施建设构建高质量教育支撑体系的指导意见》（http://www.gov.cn/zhengce/zhengceku/2021-07/22/content_5626544.htm）。
③ Azevedo R., Cromley J. G., & Seibert D., "Does Adaptive Scaffolding Facilitate Students' Ability to Regulate Their Learning with Hypermedia?" Contemporary Educational Psychology, Vol. 29, No. 3, 2004, pp. 344-370.

在线学习者在自我调节学习活动和学习过程中会遇到困难，没有达到满意的学习效果。[1] 阿泽维多·罗杰等人在 2005 年发表的文章中指出，如果在线学习者不能监控和调节自己的学习行为，常常会导致在线学习没有效果。因此，在线学习环境下尤其需要对学习者的自我调节学习提供有效的教学支持和教学干预。[2] 本书作者从事教师培训管理与项目设计工作十余年，曾作为培训者，参与多期 J 省 C 市教师信息技术能力提升在线远程培训项目及 J 省 C 市教师一年一度全员远程培训项目实践，并作为学习者和培训者多次参与了教师信息技术能力提升的在线学习项目。通过与在线学习的教师接触、问卷调查以及访谈了解到，虽然在线学习环境学习资源丰富，学习时间和空间更加灵活，学习者学习自由度更大，但很多时候培训效果并不理想，远未达到所预期的学习效果。教师作为成人学习者，有一定的自我调节学习能力，但是面对不同的学习环境，正如肯迪·菲利普在 1991 年《终身学习背景下的自我导向学习》一书中描述的"教育者不能因为一个人在过去成功地学会了一些东西，就不论其所处的教育情境而理所当然地认为他（或她）就能在一个新的环境和领域取得成功"[3]。因此，本书利用编制信度、效度较好的教师在线自我调节学习问卷，对大量参与过在线学习的教师进行调查，调查结果显示：教师并不像我们想象的均具备良好的在线自我调节学习能力。教师在线自我调节学习能力不均衡，主要表现在不同学习者之间在线自我调节学习能力不均衡，以及相同学习者在线自我调节学习各要素水平的不均衡。所以，有必要以提升教师在

---

[1] Bannert M., Hildebrand M., & Mengelkamp C., "Effects of a Metacognitive Support Device in Learning Environments", *Computers in Human Behavior*, Vol. 25, No. 4, 2009, pp. 829–835.

[2] Azevedo R, Hadwin A. F., "Scaffolding Self-regulated Learning and Metacognition-Implications for the Design of Computer-based Scaffolds", *Instructional Science*, Vol. 33, No. 5, 2005, pp. 367–379.

[3] Candy Philip C., *Self-Direction for Lifelong Learning. A Comprehensive Guide to Theory and Practice*, San Francisco: Jossey-Bass, 1991, pp. 56–72.

线自我调节学习能力为切入点，通过设计合理有效的干预机制和干预策略，为教师在线学习提供及时的干预与指导，帮助教师明确学习目标、合理设置学习计划、监控学习行为、客观评价学习结果，不断地提升其在线自我调节学习能力，提高学习效果。

教育数字化转型的核心在于充分发掘数据的价值，并将其赋能于教育领域。[①] 数据的价值在于深刻理解学生学习过程。这种数据驱动的教学能够提高学习者的学习效果，更好地满足不同学习者的学习需求。在线学习与传统教学相比数据获取更加容易，数据来源的种类更加丰富，研究者越发重视利用丰富的在线学习数据指导和优化教与学。2011年"美国新媒体联盟地平线"报告中首次提出了"学习分析"这一概念，并指出学习分析是测量、收集、分析和报告有关学生及其学习情境的数据，用以理解和优化学习及其发生的情境。[②] 在2012版至2015版地平线报告中反复强调"学习分析"是影响当代学习科学与技术发展的主要方法与技术，并将全面介入教育教学，为教育者以及教育行政部门更加科学、合理地做出教育决策提供有力依据。2016年美国新媒体联盟与北京师范大学智慧学习研究院合作的《2016新媒体联盟中国基础教育技术展望：地平线项目区域报告》指出："大数据学习分析技术将在未来几年成为极具影响力的教育技术。"[③] 2021版地平线报告（教与学版）专门提出了高质量在线教学，数据驱动的教育决策的概念，此后两年的报告也对其持续关注。2023版地平线报告描述了数字化转型时代对教师的教育教学能力提出了新的要求和挑战，教师迫切需要提升教学技能、开展教学创新。混合式学习和在线学习为在职教师的终身学习提供了更加灵活和便捷的方式。英国开放大学教育技术研究所

[①] 郭绍青等：《数字化赋能教师专业发展实践探索》，《电化教育研究》2023年第7期。

[②] The Horizon Report 2011 edition（https：//eric.cd.gov/? id=ED515956）.

[③] The New Media Consortium，2016（https：//library.educause.edu/resources/2016/2/2016-horizon-report）.

发布的《创新教学法》中指出："让教育工作者和学习者参与到学习分析过程中非常重要，教育者和学习者的合理参与可以更好地利用学习分析的结果支持学习者的学习。"[1] 因此，从数据驱动的视角，运用学习分析技术对多模态在线学习相关数据分析，进而做出有效的教与学决策对于学生和教师都有非常重要的价值。通过对学习者相关学习数据分析教师能够客观地了解学生学习状态，预测学习效果，有针对性地提供有效的学习干预，实现个性化的学习指导，帮助学习者顺利达到学习目标，改善学习和教学效果。因此，学习分析为研究教师在线自我调节学习干预提供了新的研究视角和解决方案，通过对在线学习平台学习数据的分析，在一定程度上有助于实现对教师在线自我调节学习的精准干预。

第二节 研究问题与意义

一 研究问题

基于上述研究背景，针对教师在线学习过程中产生的丰富学习数据，本书从学习分析的视角，以教师在线自我调节学习能力为切入点展开研究，主要研究问题如下：

1. 教师在线自我调节学习应关注哪些要素？

2. 如何利用教师在线学习的相关数据，对教师在线自我调节学习进行动态诊断与分析，并通过有针对性地持续干预，提高教师的在线自我调节学习能力？

3. 如何在真实的教师在线学习中验证干预策略的有效性？验证有针对性地持续干预能否提升教师在线自我调节学习能力和学习效果？

---

[1] Sharples M., McAndrew P., Weller M., Ferguson R., *Innovating Pedagogy*, Milton Keynes: The Open University, 2013.

二 研究意义

大数据时代学习分析技术为在线自我调节学习的研究提供了新的发展契机，能够为研究者、教学者与学习者提供更全面、更多元的潜在数据分析方法，通过对大量数据进行分析与解释，可为在线学习者提供有针对性的干预与引导。本书致力于挖掘教师在线学习平台中不同粒度学习数据的教育价值，并将其应用到在线自我调节学习的研究领域，以便更精准地诊断教师在线自我调节学习状态及存在的问题，给予个性化的干预指导，提升在线学习效果。

理论意义：本书将视角扩展到教育学、教师教育、认知心理学、信息科学的交叉领域，从促进教师学习的角度，将学习分析技术纳入中小学教师在线自我调节学习诊断与干预的研究范畴，对中小学教师在线学习过程进行全程跟踪，全面、客观、准确地诊断其在线自我调节学习状态及存在的问题，有助于拓展自我调节学习的研究范畴，丰富自我调节学习的测量与诊断方法，有利于揭示教师在线学习的特点和规律，促进教师终身学习理念的形成，对深化教师继续教育领域的理论研究具有典型意义，可为各地区有效地开展教师在线学习提供理论支持。

应用价值：本书依托J省教师网络研修学习平台，以参与信息技术能力提升在线学习的C市教师为研究对象，进行实证研究。在真实的教师在线学习实践中，依据所设计的教师在线自我调节学习干预框架、干预过程，探索干预策略，验证干预策略的有效性。本书的研究有利于促进教师在线自我调节学习能力提升，整体提高学习效果，促进教师专业持续发展。其研究成果的普适性与推广性，可为各地区开展教师国培、省培以及其他形式的在线学习提供有益参考和借鉴。

第三节　研究目标与内容

一　研究目标

本书以教师在线自我调节学习为切入点，打破了现有研究中仅将自我调节学习看作一种能力，或对自我调节学习进行抽象诊断的范式，借助学习分析技术将教师在线自我调节学习能力和学习行为相结合，进行动态分析与诊断。从学习分析的视角，构建教师在线自我调节学习的干预框架，以干预框架为依据，在分析自我调节学习心理作用机制的基础上，设计教师在线自我调节学习干预过程。并依据干预框架，以在线自我调节学习干预过程为主线，在真实的教师在线学习环境中，从多角度、全方位探索有效干预策略，促进教师在线自我调节学习能力提升，整体提升在线学习效果，促进教师专业持续发展。

二　研究内容

（一）教师在线自我调节学习现状分析

本书在对自我调节学习理论、教师学习理论、远程教育理论进行梳理的基础上，综合参考已有信效度较高的自我调节学习调查问卷，针对教师群体，通过开放性访谈、半结构化访谈、专家讨论及封闭式调查等方法获取数据，并结合因素分析、多元统计分析以及文本挖掘等方法对数据进行分析，编制教师在线自我调节学习问卷，并进行信度、效度检验，明确教师在线自我调节学习的构成要素。运用教师在线自我调节学习问卷对教师在线自我调节学习基本现状进行调查分析。

（二）教师在线自我调节学习干预设计

教师在线自我调节学习干预设计主要包括干预框架构建以及干预过程设计。其中，干预框架构建重点参考乔治·西门斯的学习分析过程模型，结合伊莱亚斯提出的学习分析过程循环、持续改进教与学的思想以及德国亚森工业大学强调尊重学习者学习数据隐私、伦理与道德的理念，并以社会认知理论提出的"个人—行为—环境"三元交互思想为依托，构建教师在线自我调节学习的干预框架。干预框架在明确教师在线学习数据种类、来源，以及数据分析方法的基础上，从干预要素、干预机制、干预对象三方面展开。首先，以所调查教师在线自我调节学习的基本现状为依据，明确教师在线自我调节学习干预框架中的具体干预要素；其次，依托社会认知理论中的三元交互决定论，设计针对学习者个人、学习行为、学习环境的"提示—反馈—推荐"相结合的教师在线自我调节学习干预机制；最后，依据设计的干预机制，按照实施干预群体的不同，划分教师在线自我调节学习的干预对象。干预过程的设计以齐莫尔曼·巴里的自我调节学习过程模型为重要依据，结合教师在线学习的特点，将教师在线自我调节学习干预过程划分为计划与准备阶段的学习干预、执行与控制阶段的学习干预、评价与反思阶段的学习干预。

（三）教师在线自我调节学习干预实证研究

依托J省教师网络研修学习平台，以参与信息技术能力提升在线学习项目的C市初中历史教师作为研究对象，分别选取实验班与对照班进行实证研究。在对研究群体进行在线自我调节学习能力诊断的基础上，依据干预框架、干预过程进行初步干预程序设计。实施过程中通过对学习者的个人基本信息、在线自我调节学习水平以及不同学习阶段的学习行为数据进行分析，动态、客观地诊断学习者在线自我调节学习的状态及存在的问题，设计恰当的干预策略。最后，从学习者在线自我调节学习能力、在线学习效果、在线自我调节学习与在线学习效果的相关性、学习参与度、学习感受等方面验证干预策略的合理性及有效性。

第四节 研究思路与方法

一 基本思路

本书的研究思路主要包括基础性分析、调查性研究、设计性研究、实证性研究四个阶段，四个阶段相互衔接、层层深入。

阶段Ⅰ：基础性分析。对已有自我调节学习理论、社会认知理论、远程教育理论进行梳理，同时对学习分析的相关技术、方法、工具进行汇总，并对国内外学习分析在教育教学中应用的研究成果梳理基础上，确定本书的具体研究问题。

阶段Ⅱ：调查性研究。在文献调研的基础上，通过开放性访谈、半结构化访谈、专家讨论以及封闭式调查，分析确定教师在线自我调节学习的构成要素，调查教师在线自我调节学习现状。

阶段Ⅲ：设计性研究。在对教师在线自我调节学习现状分析的基础上，以乔治·西门斯提出的学习分析过程模型为依据，依托社会认知学习理论、自我调节学习理论，进行教师在线自我调节学习整体干预框架设计以及具体干预过程设计，并在真实的学习环境中依据干预框架、干预过程探索有效的干预策略。

阶段Ⅳ：实证性研究。在教师信息技术应用能力提升在线学习项目中，依据教师在线自我调节学习干预框架、干预过程进行实证研究，并对干预策略的合理性与有效性进行评价。

二 研究方法

本书主要采用理论与实证、定性与定量研究相结合的研究方法。

（一）文献研究法

利用CNKI、Science Direct、ACM、Web of Science等数据库检索相关研究成果，对教师在线学习特征、自我调节学习基础理论、教师在线自我调节学习特点、自我调节学习测量工具、网络个性化学习干预、学习分析技术、可视化技术、学习过程数据的记录与分析等方面研究成果进行深入分析，了解相关研究的现状及趋势，做好文献积累，拓宽研究思路。

（二）访谈法

本书初期主要采用开放性访谈，鼓励受访教师用自己的语言表达对在线自我调节学习的有关看法。随着研究的深入，转为半开放型访谈，结合开放访谈中出现的重要问题制订访谈提纲，进一步了解教师对在线自我调节学习的理解。

（三）心理测量法

在研究大量有关自我调节学习文献以及开展访谈研究基础上，初步确定教师在线自我调节学习的基本结构要素，编制教师在线自我调节学习问卷。了解教师在线自我调节学习的差异，为后续自我调节学习的初步诊断以及干预设计打下良好基础。

（四）数据挖掘法

主要对教师在线学习过程中的相关学习行为数据进行定量分析，判断学习者学习状态。同时，挖掘学习者基本特征信息、学习路径、学习时间安排、学习偏好以及学习效果等方面数据，以便有针对性地设计干预策略、实施并验证干预效果。

（五）内容分析法

利用内容分析法分析教师在线学习过程所产生的大量非结构化文本数据，如反思日志、教学设计成果等，对教师在线自我调节学习时间以及学习效果进行分析。

（六）准实验研究法

准实验研究也称自然实验研究，是在较为自然、现实的情况下进行实验处理的研究方法，无须随机选择样本。本书在教师信息技术能力提升的真实学习环境中，采用实验班与对照班对比的方式，对本书所设计的干预框架、干预过程和干预策略进行实践验证。

第二章

文献综述与理论基础

第一节 文献综述

基于前一章的研究目的和研究问题，本章主要从教师在线学习研究现状、自我调节学习相关研究，以及学习分析的研究现状三方面进行文献综述。

一 教师在线学习研究现状

国外有关教师在线学习的研究起步较早，大多以教师在线专业发展这个名词出现。美国国家教师发展署在2001年出台了《教师发展标准（修订稿）》受到专家学者的广泛关注，其中《教师在线专业发展标准》是最早的关于教师在线专业发展的政策性文件。[①] 以此为契机，美国陆续开展了教师在线专业发展的相关研究。美国国家科学基金会与哈佛大学教育研究生院在2005年主办了以"推进教师在线专业发展的研究议程"为主题的学术会议，这次会议主要议题是加强教师在线学习理论与实践之间的联系，使来自各专业共同体的研究者，特别是促进教师专业发展研究和远程学习研究两个领域的专家学者进行思想观念分享，在当

---

① National Staff Development Council. Standards for Staff Development (revised) (http://www.nsdc.org/standards/index.cfm).

前已有的教师在线学习研究的基础上开展协作。① 罗斯科斯·凯瑟琳等人探讨了美国俄亥俄州教师在线专业发展的模式研究，指出合理有效的在线学习模式有利于促进教师在线学习效果。② 哈佛大学的迪迪·克里斯等研究者在教师教育杂志上发表的"在线教师专业发展的研究议程"文章除详细描述美国教师在线专业发展的项目设计、课程开发等相关内容外，还指出未来的研究趋势，明确表示在未来的研究中，关注提升教师在线学习效果的研究要比关注教师在线学习项目的设计研究更重要。在教师在线学习过程中，要关注对提高教师在线学习效果的方法和策略设计，通过对学习过程的干预，促进教师在线学习效果的优化，帮助教师及时转变思想观念、改进学生学习、实现预期的教育改进。该文章还重点强调了探索教师在线学习的干预措施，提高教师在线学习效果的必要性和紧迫性。③ 有研究表明教师由于没有接受过相关的在线学习策略指导与培训并不具备较好的在线学习能力。④ 相关研究认为教师缺乏在线自我调节学习能力主要表现在缺乏独立学习的自我调节学习相关知识，不能够有效地应用学习策略。⑤ 有学者指出，为了更好地促进学生的自我调节学习能力，提升在线学习效果，教师自身首先需要具有较强的在线自我调节学习能力，并能

---

① Online Teacher Professional Development: A Usable Knowledge Conference at the Harvard Graduate Schoolof Education (http://gseweb.harvard.edu/~uk/otpd/overview/index.htm).

② Roskos K., Jarosewich T., Lenhart L., & Collins L., "Design of Online Teacher Professional Development in a Statewide Reading First Professional Development System", *The Internet and Higher Education*, Vol. 10, No. 3, 2007, pp. 173–183.

③ Dede C., Ketelhut D. J., Whitehouse P., et al, "A Research Agenda for Online Teacher Professional Development", *Journal of Teacher Education*, Vol. 60, No. 1, 2009, pp. 8–19.

④ Kuo Y. C., Tseng H., & Kuo Y. T., "Internet Self-Efficacy, Self-Regulation, and Student Performance: African-American Adult Students in Online Learning". *International Journal on E-Learning*, Vol. 19, No. 2, 2020, pp. 161–180.

⑤ Archambault L., Leary H., Rice K., "Pillars of Online Pedagogy: A Framework for Teaching in Online Learning Environments", *Educational Psychologist*, Vol. 57, No. 3, 2022, pp. 178–191.

够熟练地使用自我调节学习策略。[1]

相对而言，中国教师在线学习研究起步较晚，以教师在线学习为关键字在知网上显示 2007 年才开始有研究。其中，王美研究者从宏观层面探讨了教师在线专业发展的背景、研究、优势及其挑战。[2] 付安权在《教师在线专业发展的特点和实施策略》一文中指出，教师在线专业发展以网络技术作为支持，集文本、视频、音频于一体，通过虚拟学习社区，即在线学习者共同体中的阅读、交流、讨论和实践反思等活动来促进教师的专业提高，最大限度地促进教师自我调节学习和个性化专业发展。[3] 王陆及其带领的团队从教师在线实践社区的角度，探讨教师实践社区知识共享和知识创新机理。[4] 郑晓川描述和分析美国新入职教师在线专业发展的"提升密苏里州网络教学策略"项目，对"提升密苏里州网络教学策略"项目实施的基础、内容、形式、过程、评价方法、保障措施等方面进行分析，并提出对中国中小学教师在线学习的启示。[5]

通过对教师在线学习文献的查找和分析发现，中国学者更多是以教师远程培训为主题展开研究。武丽志等提出了基于成人学习理论及行动学习理论的观点，整合中小学教师专业发展研究、在线学习、教学实践三方面的研、训、用一体远程培训模式。[6] 闫寒冰等在从研究层面描述了不同培训模式的区别，从实践层面介绍了华东

---

[1] Sáez-Delgado F., López-Angulo Y., Mella-Norambuena J., et al, "Teacher Self-Regulation and Its Relationship with Student Self-Regulation in Secondary Education." *Sustainability*, Vol. 14, No. 24, 2022, p. 16863.

[2] 王美：《教师在线专业发展（oTPD）：背景、研究、优势及挑战》，《教师教育研究》2008 年第 6 期。

[3] 付安权：《教师在线专业发展的特点和实施策略》，《上海师范大学学报（基础教育版）》2009 年第 1 期。

[4] 王陆：《教师在线实践社区的研究综述》，《中国电化教育》2011 年第 9 期。

[5] 郑晓川：《美国新教师在线专业发展的 eMSS 项目研究》，硕士学位论文，西南大学，2011 年，第 51 页。

[6] 武丽志、曾素娥：《"研训用"一体的教师远程培训内涵及实践观照》，《现代远程教育研究》2015 年第 4 期。

师范大学两类中小学教师网络研修模式的应用案例。① 毕超在其研究中介绍了中小学教师远程培训模式的三维分类框架，并对远程自主学习模式和远程线上和线下混合学习模式进行了案例分析，指出每种模式的特点。② 张丽等详细描述了引领式中小学教师远程培训模式的基本流程、实践机制以及管理方式。③ 姚勇娜等对中国目前中小学教师网络学习平台建设、平台功能、教师培训流程以及促进教师专业发展等方面进行对比分析，指出目前中国中小学教师远程培训平台的建设现状。④ 王耀莹等从技术接受模型角度探讨中小学教师在使用意向、使用态度、用户满意和感知有用方面对教师远程培训平台的技术接受度。⑤ 孔维宏以教育技术能力中级远程培训为例，分析了中小学教师远程培训中存在的问题，并从课程设计、案例选择、优质资源共享等维度提出相应的策略。⑥ 赵艳通过对吉林省长春市周边五个县区农村参与远程培训的教师进行调查，明确农村中小学教师网络远程培训存在的问题，并从网络远程培训课程资源的实用性、学习支持服务、学习评价、培训效果迁移等方面提出了针对性对策。⑦ 段建彬等认为要重点关注小学教师远程培训所存在的亟待研究解决的新问题，并提出应从中小学教师参与学习的内驱力、培训平台、培训管埋、培训课程及社会环境等多个方面入

---

① 闫寒冰、褚文培：《教师远程培训模式的研究与实践》，《中国电化教育》2004 年第 11 期。

② 毕超：《教师远程培训模式及其应用策略》，《北京教育学院学报（自然科学版）》2013 年第 4 期。

③ 张丽、伍正翔：《引领式在线教师培训模式理论创新与实践机制——以全国中小学教师网络培训平台为例》，《中国电化教育》2011 年第 1 期。

④ 姚勇娜、武丽志：《教师远程培训平台功能的对比研究》，《广州广播电视大学学报》2015 年第 2 期。

⑤ 王耀莹、王凯丽：《面向教师教育远程网络培训平台的技术接受扩展模型研究》，《中国电化教育》2015 年第 7 期。

⑥ 孔维宏：《中小学教师远程培训的问题分析与对策研究》，《中国电化教育》2011 年第 5 期。

⑦ 赵艳：《农村中小学教师网络远程培训的问题与对策研究》，《中小学教师培训》2013 年第 9 期。

手，采取有效策略提升中小学教师远程培训效果。[①]

通过对国内外相关研究的分析发现，国外关于教师在线学习的研究涵盖在线学习项目设计、教师在线学习过程促进以及在线学习效果优化等多个方面，近期研究者更加关注对教师在线学习过程的干预研究以及学习效果优化。而国内研究主要集中在教师远程学习平台研究、教师培训模式研究以及教师远程培训问题与对策研究，较多从培训管理部门以及管理者的角度进行宏观研究与探讨。相对来说，很少从教师自身学习的角度出发，从微观层面探讨教师在线学习。教师在线学习过程中，需要自己设置学习目标，制订学习计划，监控和调节学习行为，评价学习效果，潜移默化地转变为自我调节学习者。因此，有必要转变研究视角，从促进教师终身学习以及专业持续发展的角度，探讨通过提升教师在线自我调节学习能力，优化和提升教师在线学习效果。

二 自我调节学习研究现状

（一）自我调节学习内涵

自我调节学习概念是20世纪80年代末由美国教育心理学领域专家阿尔伯特·班杜拉最早提出的。自我调节学习一经提出，便作为教育环境中学会学习的理念迅速成为国内外教育领域研究者关注的热点。自此，自我调节学习扩展到不同学科，诸如学校教育、医学教育、教育心理、成人教育等，有关自我调节学习的含义由于研究者研究视角不同，界定有所不同。在已有文献中相关概念有：自我组织学习、自我导向学习、自我管理学习、自我监控学习、自定步调学习、自我调节学习等，虽然研究视角略有不同，但多有交叉。关于对自我调节学习的理解，国外学者为我们提供了丰富的概念基础。

美国心理学家阿尔伯特·班杜拉认为自我调节学习就是设置并

[①] 段建彬、王建军、李华：《教师远程培训有效实施的策略研究》，《现代远距离教育》2016年第1期。

逐渐达到个体目标，自我生成思想、情感和行为的能力。申克·戴尔和齐莫尔曼·巴里教授将自我调节学习界定为：学习者系统地引导自己的元认知、动机和行为，使其积极参与学习活动并指向学习目标实现的一种过程。[1] 美国密执安大学的宾特里奇·保罗教授在2000年将自我调节学习界定为：自我调节学习是一种主动的、建构性的学习过程，在这个过程中，学习者首先为自己确定学习目标，然后监视、调节、控制由目标和情境特征引导和约束的认知、动机和行为。[2] 加拿大巴特勒·黛博拉和加拿大温内·菲利普把自我调节学习视为学习者为给定的任务设立学习目标，使用各种策略来实现这些目标，同时监督自己的学习并评价任务进展情况的一种过程，认为目标制订、策略使用以及学习监控是最主要的三个维度。[3] 布卡茨·莫妮克认为自我调节学习是学生需要获得的技能、知识以及动机相结合的一项整体能力。[4] 齐莫尔曼·巴里在对已有相关自我调节学习定义进行分析后，归纳出自我调节学习具有三个特征。分别为：（1）强调元认知、动机和行为等方面自我调节学习策略的运用；（2）强调自我调节学习是一种自我定向的反馈循环过程，自我调节学习者需要有能力监控自己的学习方法和策略的效果，并根据这些反馈反复调整自己的学习活动；（3）强调自我调节学习者要知道在何时，以及如何使用某些特定的学习策略，或者作出适合的学习反应。

董琦等在1995年发表的文章中将自我调节学习视为一种能力，认为自我调节学习能力是学习者对其所从事的学习活动进行自我调

---

[1] Schunk D. H., Zimmerman B. J., *Self-regulation of Learning and Performance: Issues and Educational Applications*, New York: Taylor & Francis, 1994, pp. 78–89.

[2] Pintrich P. R., *The Role of Goal Orientation in Self-regulated Learning*, New York: Academic Press, 2000, pp. 451–502.

[3] Butler D. L., Winne P. H., "Feedback and Self-regulated Learning: A Theoretical Synthesis", *Review of Educational Research*, Vol. 65, No. 3, 1995, pp. 245–281.

[4] Boekaerts M., "Self-Regulated Learning: Where We are Today", *International Journal of Educational Research*, Vol. 31, No. 6, 1999, pp. 445–457.

节与控制的能力，学习者可以对自己的学习活动预先计划和安排，而且可以对自己的学习活动进行监控、评价、调节、修正和控制。①周国韬在其发表的文章中指出，自我调节学习是指学习者运用认知策略和动机策略促进自己学习，选择恰当的学习方法，营造有利学习环境的过程。②庞维国认为自我调节学习既可以看成一种学习能力，也可以视为一种学习活动或者学习过程。指出自我调节学习是学习者自觉确定学习目标、制订学习计划、选择学习策略方法、监控学习过程以及评价学习结果的过程或能力。③

综上所述，可以发现不同学者对自我调节学习的定义存在一定差异，主要差异体现在自我调节学习的能力观和过程观。通过对不同学者概念的分析，本书更倾向于齐莫尔曼·巴里及庞维国对自我调节学习的解释，认为自我调节学习既是一种能力，同时也是一种学习过程。自我调节学习能力可以在自我调节学习过程中得到发展。从能力方面考察构成在线自我调节学习的具体认知要素，如动机、认知、元认知以及相关的学习策略等，可以在明确学习者自我调节学习能力现状的基础上，确定培养自我调节学习能力的具体阶段性目标。从活动机制方面分析自我调节学习的具体学习过程，可以明确在学习过程中给予干预的恰当时间节点，进而选择适当的干预时机，从这两方面进行理解和分析可以更加恰当地为学习者提供在线自我调节学习干预。因此，在本书中将在线自我调节学习界定为：在真实的在线学习环境中，学习者系统地引导自己的动机、认知、元认知，有针对性地制订学习计划、选择学习策略、监控学习过程、评价学习结果的过程或能力。

---

① 董奇、周勇：《10—16 岁儿童自我监控学习能力的成分，发展及作用的研究》，《心理科学》1995 年第 2 期。

② 周国韬：《自我调节学习论——班杜拉学习理论的新进展》，《外国教育研究》1995 年第 3 期。

③ 庞维国：《自主学习的测评方法》，《心理科学》2003 年第 5 期。

（二）自我调节学习构成要素

无论从能力观还是过程观对自我调节学习进行理解，自我调节学习都是由许多要素交织在一起构成的，但对于具体构成要素，不同研究者有不同看法。宾特里奇·保罗等人在分析概括不同研究者关于自我调节学习构成要素观点之后，认为学习者自我调节学习由三个关键要素组成：即囊括对学习计划、监控与调整的元认知策略，对学习付出程度进行管理的策略以及促进学习者理解学习内容的认知策略。[1] 布卡茨·莫妮克等人提出了自我调节学习要素模型，指出自我调节学习由认知要素和动机要素组成，这两种要素是学习者在自我调节学习过程中需要具备的先决条件。[2] 齐莫尔曼·巴里认为学习者的学习目标、自我效能感和学习策略是自我调节学习的三个重要组成部分。[3] 沃尔·彼得等认为成人自我调节学习中，策略是最重要的要素，指出成人自我调节学习策略由复述、组织、精加工构成的认知学习策略，由资料检索、寻求帮助的行为策略以及由情绪管理、行为监控构成的意志策略组成。[4] Bransford J. D. 等在《人类如何学习》一书中指出，自我调节学习由动机、认知、元认知三个要素组成[5]。庞维国认为，学习者的自我调节学习由自我效能感、归因、目标设置、认知策略、元认知策略等要素构成。[6]

---

[1] Pintrich P. R., De Groot E. V., "Motivational and Self-Regulated Learning Components of Classroom Academic Performance", *Journal of Educational Psychology*, Vol. 82, No. 1, 1990, pp. 33–40.

[2] Boekaerts M., Minnaert A., "Self-Regulation with Respect to Informal Learning", *International Journal of Educational Research*, Vol. 31, No. 6, 1999, pp. 533–544.

[3] Zimmerman B. J., Schunk D. H., "Motivational Sources and Outcomes of Self-regulated Learning and Performance", *Handbook of Self-regulation of Learning and Performance*, Vol. 5, No. 3, 2011, pp. 49–64.

[4] Warr P., Downing J., "Learning Strategies, Learning Anxiety and Knowledge Acquisition", *British Journal of Psychology*, Vol. 91, No. 3, 2000, pp. 311–333.

[5] Bransford J. D., Brown A. L., and Cocking R. R., *How People Learn: Brain, Mind, Experience, and School*, California: National Academy Press, 1999, p. 2.

[6] 庞维国：《自主学习：学与教的原理和策略》，华东师范大学出版社2003年版，第30—47页。

由此可见，不同学者提出的自我调节学习构成要素不尽相同，但大体上包括：学习动机、自我效能感、学习策略等，关于学习策略研究者更多地关注认知学习策略、元认知学习策略以及对时间、资源以及寻求帮助等相关策略。在综合借鉴已有研究的基础上，结合本书研究对象的实际情况，在本书中重点关注在线学习环境下学习者自我调节学习动机、自我效能感以及相关学习策略。

（三）自我调节学习过程模型

专家学者提出要深入理解自我调节学习的内在机制，促进学习者自我调节学习发展，认为只有厘清自我调节学习过程以及构成要素之间的相互关系，才能明确如何加以支持或促进。班杜拉、巴特勒和温内以及齐莫尔曼·巴里对自我调节学习过程模型的研究比较具有代表性。

1. 阿尔伯特·班杜拉自我调节学习模型

阿尔伯特·班杜拉是心理学界对自我调节学习进行系统研究的第一人。国内外很多研究者在他研究的基础上对自我调节学习进行深入研究。班杜拉认为自我调节由自我观察、自我判断、自我反应三个过程组成。[1] 自我观察是学习者个体对自身行为某些方面的关注，自我观察在自我调节过程中起到基础的作用，学习者个体对自身行为的观察是影响其行为的第一步，但要引起自我反应还需经过自我判断过程。自我判断是学习者对个体自身行为质量的评判，学习者个体对自己的行为作出积极还是消极的评判，依赖于行为的评价标准，自我判断可以是个体以自己制定的标准为依据，也可以他人的行为水平为参照，基于对自身行为或者他人行为的观察和评判，个体做出自我反应。班杜拉指出，学习者自我反应能力的获得通过两个途径实现：一是为自己的行动创设激励条件；二是基于自身行为和内部标准比较，对行为作出评价性反应，通过这种方式，

---

[1] Bandura A., "Social Cognitive Theory: An Agentic Perspective", *Asian Journal of Social Psychology*, Vol. 2, No. 1, 1999, pp. 21-41.

学习者延续产生积极自我反应的行为过程，限制产生自我责备的行为方式。

2. 巴特勒·黛博拉和温内·菲利普自我调节学习模型

巴特勒·黛博拉和温内·菲利普提出了一个更为详尽的自我调节学习模型，如图 2-1 所示。从信息加工角度阐释自我调节学习内在机制。巴特勒·黛博拉等认为，自我调节学习的完整过程应该由任务、设置目标、策略和行为表现共四个环节组成。[①]

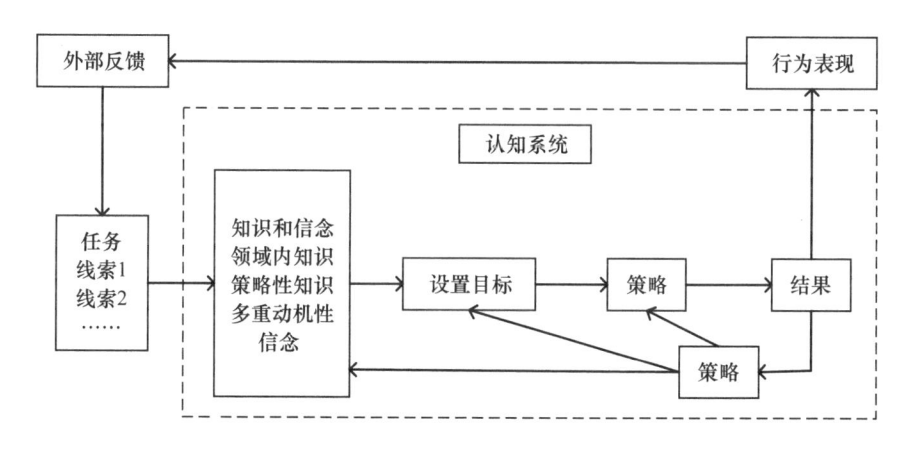

图 2-1 巴特勒·黛博拉和温内·菲利普自我调节学习模型

巴特勒·黛博拉和温内·菲利普认为自我调节学习者面临学习任务时，首先要利用已有知识和信念对任务特征和要求进行解释，而涉及这一过程的知识主要有四类。分别为：领域内知识、知识和信念、策略性知识和多重动机性信念。领域内知识的广度和深度对支持自我调节学习认知策略的获得、应用及迁移都有重要影响，如果领域内知识建立不正确，学习者在应用有效的学习策略方面往往反复无常。知识和信念影响学生对学习任务的表征和解释，并对目标设置和策略选择起中介作用。策略性知识在自我调节学习中起着

---

① Butler D. L., Winne P. H., "Feedback and Self-Regulated Learning: A Theoretical Synthesis", *Review of Educational Research*, Vol. 87, No. 3, 1995, pp. 245–281.

更为重要的作用，充分而有效的策略性知识是学习取得成功的关键。同时，学习者能够自觉地选用策略性知识也是自我调节学习的重要标志之一。在涉及自我调节学习的多重动机性信念中，自我效能感的作用最为突出，因为它影响学习目标的设置、对学习目标的承诺、学习的坚持性以及在目标达到过程中的若干决策。

学习者在完成对学习任务的解释后，需要设置目标。学习者选择的目标在形成和展开自我调节学习过程中居核心地位，因为学习者要根据学习目标来确定学习方向、判断学习进展情况、选择和调整学习过程和策略。通常，学习者选择与学习任务相关的目标主要有两类：一是掌握目标，二是表现性目标。确定掌握目标的学习者寻求对学习任务的理解和掌握，而确定表现性目标的学习者更多是向他人证明自己有能力。一般来说，注重掌握目标的学生更注重学习策略的应用。

在学习目标和学习计划确定之后，学习者要根据学习目标和学习策略执行学习任务。此时，元认知监控起到最主要的作用，要监控学习者的学习状态是否与既定学习目标一致，通过对学习进展的监控来对学习进度、学习行为进行调整，也可能会对学习目标及学习计划做出调整。完成学习任务后，学习者会对学习结果进行评价，并依据评价结果调整自己的认知和信念，重新设置目标，选择学习策略进入新一轮的学习。[①]

3. 齐莫尔曼·巴里自我调节学习过程模型

齐莫尔曼·巴里将自我调节学习过程分为三个循环阶段，即计划阶段、行为表现阶段、自我反思阶段。[②] 在每一个阶段中又包含若干个过程或成分，如图 2 - 2 所示。

[①] Winne P., "Experimenting to Bootstrap Self-Regulated Learning", *Journal of Educational Psychology*, Vol. 89, No. 3, 1997, pp. 397 – 410.

[②] Zimmerman B. J., "Becoming a Self-Regulated Learner: An Overview", *Theory into Practice*, Vol. 41, No. 2, 2002, pp. 64 – 70.

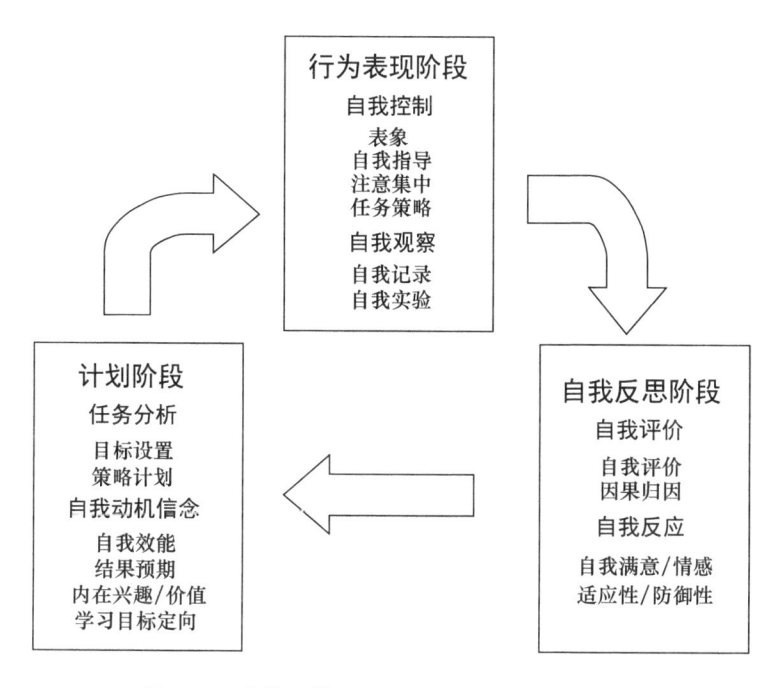

图 2-2 齐莫尔曼·巴里自我调节学习过程模型

齐莫尔曼·巴里认为在自我调节学习的计划阶段主要涉及任务分析和自我动机信念。任务分析的结果是实现学习目标设置以及学习策略计划的制订。同时，在这个阶段学习者的自我动机信念也起到很重要的作用，认为自我动机信念主要来源于学习者具有完成学习任务的信心，即自我效能和对学习结果预期。此外，学习者学习内在兴趣价值和学习目标定向也会影响自我学习动机信念。

在自我调节学习的行为表现阶段，主要涉及学习者自我控制和自我观察，自我控制指学习者需要根据学习需要分配学习时间，集中注意力，并选择恰当的任务策略进行学习。自我观察主要指学习者通过自我记录的形式对自己的学习行为、学习进展等进行观察分析，使自己及时、准确、全面地了解自己的学习状态，当学习者观察到自己的学习行为或者学习进展不是向预定的学习目标前行时，学习者还要启动自我实验，也就是说学习者通过改变学习过程、学习策略等形式最终达成预先设定的学习目标。

在自我调节学习的自我反思阶段，主要包括自我评价和自我反应。自我评价指学习者要对自己的学习进行评价，并对一些学习结果产生原因进行分析，即因果归因分析导致某种不良学习效果的原因是什么，应该如何调整。自我反应一般会有两种形式，一种形式是指学习者对自己的学习结果给予肯定性的积极评价，并因此产生成就感和满意感，即自我满意；另一种形式是指学习者认为自己的学习没有达到预期的学习效果，对自己的学习行为进行及时调整，以期调整后会获得满意的学习效果，即适应性。也有可能学习者在获得不良的学习效果后，为避免再一次不良学习结果的出现而采取的消极方式，以应对后续的学习任务，即防御性。

齐莫尔曼·巴里认为虽然自我调节学习包含着复杂要素和过程，但学习者的自我效能、学习目标设置、学习策略选择与应用、基于元认知的自我观察和对学习结果的自我评价等成分或者过程是研究者需要重点关注的，因为相对来说这些也更加容易操控。

综上所述，虽然已有研究者从不同理论基础和研究视角出发所描述的自我调节学习模型不尽相同，但可以肯定的是，自我调节学习都涉及学习动机、学习效能感、学习认知策略、元认知策略以及对学习环境的营造和利用，学习过程中都经历对学习计划、监控、调节以及对学习评价与反思等环节。

（四）自我调节学习测评研究

前面提到已有研究者对自我调节学习的理解存在能力观和过程观。持有能力观的研究者强调个体对自我调节学习中认知和元认知过程准确地自我感知，而持有过程观的研究者强调对基于学习任务的具体学习过程进行考察，将自我调节学习放在真实的学习任务中进行研究。

1. 自我调节学习能力测量方法

能力观是把自我调节学习视为一种持久能力，能力概念的测评通常是以预测学习者是否能够在学习情境中保持稳定的自我调节水平为目的。主要测评方法有三种：问卷法、访谈法和教师评价法。

其中，问卷法是评估学习者自我调节学习能力最常用的方法，多用于测量学习者自我调节学习能力各要素的水平。宾特里奇·保罗等研究者编制的《学习动机与策略问卷》包括学习动机和策略两个维度。其中，学习动机包括内部动机、外部动机以及学习自我效能，策略维度又进一步划分为认知策略、元认知策略和资源管理策略。[1] 魏因斯坦·克莱尔艾伦教授等人编制的《自我调节学习和探究策略调查表》用于诊断和评价大学生在学习策略和学习方法方面的基本情况。[2] 申克·戴尔等学者编制的《自我调节学习能力量表》对中学生自我调节学习能力进行测量，问卷涵盖行为动机、策略、行为表现和社会环境资源四个维度。[3]

张锦坤等编制中学生自我调节学习问卷，将自我调节学习分成目标设定、自我监控、努力管理、自我效能、认知策略、资源管理、动机策略共七个维度。[4] 朱祖德等学者编制了大学生自我调节学习问卷，从动机和策略两个维度测量大学生的自我调节学习能力。[5] 方平在其博士论文中，针对初中生编制了信效度较高的自我调节学习问卷，分别从动机、策略、意志三方面了解初中生自我调节学习特点。[6] 庞维国编制中小学生自我调节学习问卷，具体分为

---

[1] Pintrich P. R., Smith D. A. F., García T., et al, "Reliability and Predictive Validity of the Motivated Strategies for Learning Questionnaire (MSLQ)", *Educational and Psychological Measurement*, Vol. 53, No. 3, 1993, pp. 801–813.

[2] Weinstein C. E., Husman J., Dierking D. R., *Self-Regulation Interventions with a Focus on Learning Strategies*, Handbook of Self-regulation, New York: Academic Press, 2000, pp. 727–747.

[3] Schunk D. H., Ertmer P. A., *Self-regulation and Academic Learning: Self-efficacy Enhancing Interventions*, Handbook of Self-regulation, New York: Academic Press, 2000, pp. 631–649.

[4] 张锦坤、佟欣、杨丽娴：《中学生自我调节学习量表的编制》，《心理与行为研究》2008年第3期。

[5] 朱祖德等：《大学生自主学习量表的编制》，《心理发展与教育》2005年第3期。

[6] 方平：《初中生自我调节学习发展特征及相关因素的研究》，博士学位论文，首都师范大学，2003年，第89页。

七个维度。分别为：学习动机维度、学习内容维度、学习方法维度、学习时间维度、学习过程维度、学习结果维度、学习环境维度，共113个题项。并用此问卷测评中国中小学生的自我调节学习能力。① 丁桂凤从学习动力和学习策略两个维度构建适合企业员工特点的自我调节学习问卷。②

综上所述，通过对已有文献的分析发现，已有研究者创建的自我调节学习问卷主要针对中小学生自我调节学习能力进行测量，部分问卷针对大学生设计，只有丁桂凤在《创建学习型组织中企业员工自我调节学习》的研究中，构建了在职成人的自我调节学习问卷。而且，已有的关于自我调节学习问卷主要针对传统学习环境构建。通过对不同研究者建构的自我调节学习问卷进行归纳发现，研究者所设计的问卷主要涵盖学习动机和学习策略两个维度，部分问卷考虑了自我效能要素。因此，本书强调在对已有自我调节学习问卷分析的基础上，有必要结合在线学习环境设计适合教师特点的自我调节学习问卷。

2. 自我调节学习过程测量方法

自我调节学习过程测量主要对学习者学习过程中的动态学习活动进行考察。主要测量方法有：口语报告法、错误检测法、痕迹分析法和行为观察法。

口语报告法又称出声思维法，主要是指学习者在完成具体学习任务时或者在完成某项学习任务后说出自己的思维和认知过程，研究者通过对学习者口述资料进行编码和分析，实现对学习者自我调节学习能力测评。阿泽维多·罗杰以及温内·菲利普等学者都认为在自我调节学习过程的研究中，口语报告法相对来说是一种客观的研究方法。口语报告的优点是可以了解到预先无法推测的信息，便

---

① 庞维国：《自主学习：学与教的原理和策略》，华东师范大学出版社2003年版，第65页。
② 丁桂凤：《员工自我调节学习的实证研究》，《心理与行为研究》2005年第2期。

于了解学习者个体差异，缺点是口语报告属于内容分析法的研究范畴，需要研究者花费较多的时间和精力对获取的录音或者文本内容进行编码，研究效果的好坏对编码标准的依赖性较强。

错误检测法主要是对元认知监控能力进行测评的一种方法。一般是通过在学习材料或学习过程中设置一些错误，观察学习者是否能注意到这些错误以及注意到错误后有哪些行为表现，通过分析学习者的反应方式，推断学习者的元认知监控水平。其缺点是仅能评估元认知维度而对其他维度反应不够。

痕迹分析法主要指通过对不同学习者学习过程中在书本或者笔记上留下的标注、下划线、标记等学习痕迹进行意义区分，来推测学习者所使用自我调节学习策略的一种测评方法。痕迹分析法可以了解学习者对学习策略的使用情况，但同样也忽略了对其他维度的测评。而且痕迹分析法只适合对少数研究对象展开，当研究对象较多时，就需要研究者投入相当多的时间和精力。

行为观察法指在固定的时间内对学习者的外部学习行为或学习活动进行观察，了解学习者学习活动特点和规律。这种测评方法主要关注学习环境中一些构成因素对学习者目标期望和行为的影响。虽然有学者认为这种方法可以将学习者行为与环境相结合，减少不必要的环境误差，但如果只是应用行为观察法容易忽略学习者个体内部因素的影响。

综上所述可以发现，每种对学习者自我调节学习测量与诊断的方法都有各自的优点和不足之处，也都有应用环境局限性，我们所要做的是如何扬长避短，综合运用多种方法，进行多角度的交叉印证，更加客观地评估和诊断学习者在线自我调节学习水平。在线学习环境与传统学习环境不同，学习环境的变化给研究带来挑战的同时也带来了新的机会，虽然在线学习环境中不能完全照搬已有测量方法，但是在线学习环境为我们综合运用多种测量方法提供了便利，利用在线学习环境中学习平台的日志数据可以更加及时、准确地了解学习者的学习行为,细微地分析学习者自我调节学习状态,有利于为学习者提供更加精准与恰当的学习干预。

(五) 自我调节学习与学业成绩相关研究

社会认知观的一个基本理论假设就是自我调节学习能力有助于提高学习者学业成绩。宾特里奇·保罗等研究者在1990年发表的文章中指出,学习者的自我调节学习能力是学习者学业成绩的一项重要预测指标。① 齐莫尔曼·巴里等在2001年出版的图书中提出学习者对学习过程或者学习活动积极主动地参与有助于提高学习者的学业成绩。② Harackiewicz J. M. 等人的研究发现,当学习者同时有内部动机主导地掌握学习目标以及由外部动机主导的成就学习目标时,通常会有相对较好的学业成绩。③ 布卡茨·莫妮克等研究者认为学习者先前知识经验和自我调节学习能力水平之间存在正相关。④ Bandalos D. L. 等研究指出,为学习者提供学习策略指导可以改善学习者学业成绩。⑤ Best R. M. 等学者的研究表明,具有较丰富先前领域知识的学习者能够在学习任务中表现出较好的判断力,并能取得相对较好的学业成绩。⑥ 埃兰姆·比莉等在其研究中指出,学习者具有较强的学习时间管理能力则较容易获得较高的学业成绩。⑦

---

① Pintrich P. R., De Groot E. V., "Motivational and Self-Regulated Learning Components of Classroom Academic Performance", Journal of EducationalPsychology, Vol. 82, No. 1, 1990, pp. 33 – 40.

② Zimmerman B. J., Schunk D. H., *Self-regulated Learning and Academic Achievement: Theoretical Perspectives*, New York: Routledge, 2001, pp. 123 – 156.

③ Harackiewicz J. M., Barron K. E., Pintrich P. R., et al, "Revision of Achievement Goal Theory: Necessary and Illuminating", *Necessary and Illuminating*, Vol. 29, No. 3, 2002, p. 638.

④ Boekaerts M., Pintrich P. R., Zeidner M., *Handbook of Self-regulation*, New York: Elsevier Science, 2005, pp. 534 – 578.

⑤ Bandalos D. L., Finney S. J., Geske J. A., "A Model of Statistics Performance Based on Achievement Goal Theory", *Journal of Educational Psychology*, Vol. 95, No. 3, 2003, p. 604.

⑥ Best R. M., Rowe M., Ozuru Y., et al, "Deep-Level Comprehension of Science Texts: The Role of the Reader and the Text", *Topics in Language Disorders*, Vol. 25, No. 1, 2005, pp. 65 – 83.

⑦ Eilam B., Aharon I., "Students' Planning in the Process of Self-Regulated Learning", *Contemporary Educational Psych*ology, Vol. 28, No. 3, 2003, pp. 304 – 334.

第二章 文献综述与理论基础 / 29

阿泽维多·罗杰等人在发表的文章中指出，在线学习环境中学习者只有具有较高的自我调节学习能力，才能有效地调整自己的学习行为，并为顺利完成任务确定合理的学习目标和选择恰当的学习路径。[①] Greene J. A. 等认为学习者在线自我调节学习策略运用以及求助能力会显著影响学习者的学习绩效。[②]

董奇等认为，学习者的自我监控能力有利于保障学习者学习的成功、提高学习者的学习效果。[③] 连榕等的实验研究结果表明，自我监控是影响自我调节学习者学业成绩的关键因素之一。[④] 杨宁在其发表的文章中指出，学习策略是自我调节学习的一个重要认知变量，会影响学习者学习绩效。[⑤] 李晓东等人的研究表明，在初中生群体中差生更加需要学业求助，学业求助对差生学习绩效有显著影响。[⑥] 方平等人的研究表明，不同年级的小学生自我调节学习能力不同，其对学习绩效也有不同的影响。[⑦] 邓国民等研究者探讨开放教育资源环境下，为学习者提供技术支持的自我调节学习支架促进学习者对开放教育资源的利用，实证研究结果表明，对自我调节学习计划和执行环节的学习行为支持对学习者自主学习成效影响

[①] Azevedo R., Cromley J. G., "Does Training on Self-Regulated Learning Facilitate Students' Learning with Hypermedia?", *Journal of Educational Psychology*, Vol. 96, No. 3, 2004, p. 523.

[②] Greene J. A., Moos D. C., Azevedo R., et al, "Exploring Differences between Gifted and Grade-Level Students' Use of Self-Regulatory Learning Processes with Hypermedia", *Computers & Education*, Vol. 50, No. 3, 2008, pp. 1069–1083.

[③] 董奇、周勇：《10—16 岁儿童自我监控学习能力的成分、发展及作用的研究》，《心理科学》1995 年第 2 期。

[④] 连榕、罗丽芳：《学业成就中等生和优良生的成就目标、自我监控与学业成绩关系的比较研究》，《心理科学》2003 年第 6 期。

[⑤] 杨宁：《从元认知到自我调节：学习策略研究的新进展》，《南京师大学报（社会科学版）》2006 年第 4 期。

[⑥] 李晓东、张炳松：《成就目标、社会目标、自我效能及学习成绩与学业求助的关系》，《心理科学》2001 年第 1 期。

[⑦] 方平、李凤英、姜媛：《小学生自我调节学习的特点》，《心理科学》2006 年第 3 期。

明显。①

通过对以上文献的分析发现，已有研究在自我调节学习与学习者绩效的相关性方面取得了较丰硕的研究成果，研究者大都认为自我调节学习能力与学习者学习绩效有相关性，一些研究者从学习目标、学习动机、学习策略、先前的学习经验、已有的领域知识水平、时间管理、自我监控等不同要素与学习者学习绩效的相关性展开研究。然而已有研究对自我调节学习与学习绩效的相关研究多集中于传统课堂教学中，对在校学生展开研究，只有较少部分研究者探讨在线学习环境下自我调节学习与学习绩效的相关性，而对于在线学习环境下，成人的自我调节学习与学习绩效的相关性研究很少。

（六）自我调节学习干预研究现状

在梳理自我调节学习构成要素、自我调节学习过程以及自我调节学习测量方法的基础上，如何在自我调节学习过程中，通过对学习者自我调节学习进行恰当干预，提高学习者自我调节学习能力，促进在线学习绩效的提升是本书重点关注的内容。申克·戴尔等在研究中指出，研究者应该重点关注如何通过有效的干预提高学习者自我调节学习技能和学习绩效。② 阿泽维多·罗杰等在其研究中证实，基于微观过程的干预对于学习者的目标设定、对学习内容的知晓程度、学习策略的恰当运用、对自己学习的评价以及对环境的利用都有积极的促进作用。③伊芬塔勒·迪克等在对98个大学生的实验研究中发现，为学习者提供提示干预可以有效地促进问题解决场

---

① 邓国民、韩锡斌、杨娟：《基于OERs的自我调节学习行为对学习成效的影响》，《电化教育研究》2016年第3期。

② Schunk D. H., Ertmer P. A., *Self-regulation and Academic Learning: Self-efficacy Enhancing Interventions*, Handbook of Self-regulation, New York: Academic Press, 2000, pp. 631 – 649.

③ Azevedo R., Cromley J. G., "Does Training on Self-Regulated Learning Facilitate Sstudents'Learning with Hypermedia?", *Journal of Educational Psychology*, Vol. 96, No. 3, 2004, p. 523.

景中学习者的自我调节学习能力提升。[1]

张锦坤等研究者认为不能认为随着学习者的成熟，学习者的自我调节学习能力会自动发展，学习者的自我调节学习能力也无法被动地从环境中获得，在学习过程中要重点关注学习策略的合理选用、学习过程监控、学习时间安排以及元认知能力等[2]。田素玲在对初中生的研究中指出，通过对元认知技能的干预训练能够提高初中生的阅读成绩。[3] 余仕华在其研究中表明，通过在初中生的自我调节学习过程中融入"自我提问"干预可以有效提高初中生自我调节学习的监控意识，有利于促进学习绩效的提升。[4] 谢家树等在其研究中，尝试通过半学期的自主学习训练对大学生的自主学习能力进行干预研究，研究结果显示自主学习训练能够有效提升大学生的自主学习水平。[5]

（七）在线自我调节学习干预研究现状

通过对已有文献的分析发现，有关在线自我调节学习干预研究主要集中在从心理学角度，通过严格的实验探究对在线学习的动机、认知、元认知、自我效能感等方面进行干预。有部分学者从自我调节学习过程探究自我调节学习的干预方法。Whipp J. L. 等指出，对动机、自我效能、兴趣、归因以及教师的支持、同伴的帮助、课程的设计等要素进行干预有助于提升学习者在线自我调节学习水平与学习绩效。[6] Zhao P. 等探讨在线自我调节学习过程中任务

---

[1] Ifenthaler D., "Determining the Effectiveness of Prompts for Self-Regulated Learning in Problem-Solving Scenarios", *Educational Technology & Society*, Vol. 15, No. 1, 2012, pp. 38–52.

[2] 张锦坤、杨丽娴、佟欣：《中学生自我调节学习的发展特点研究》，《河北师范大学学报（教育科学版）》2010 年第 6 期。

[3] 田素玲：《初中英语学业不良学生元认知缺陷教学干预》，硕士学位论文，山东师范大学，2010 年，第 79—87 页。

[4] 余仕华：《初中生的学习监控及其受家庭学业指导方式和"提问单"训练的影响》，硕士学位论文，南京师范大学，2007 年，第 75—92 页。

[5] 谢家树、韩喆：《大学生自主学习干预研究》，《中国临床心理学杂志》2008 年第 1 期。

[6] Whipp J. L., Chiarelli S., "Self-Regulation in a Web-Based Course: A Case Study", *Educational Technology Research and Development*, Vol. 52, No. 4, 2004, pp. 5–21.

分析、计划、策略的形成、评估策略的有效性均对自我调节学习有影响，并指出对具有互惠性的交互进行干预有助于促进在线自我调节学习。[1] Hashemyolia S. 等研究表明，在线学习环境中教师通过具有挑战的问题设计，以及积极反馈、合理的支架等方式可以鼓励学生更好地使用学习策略。[2] Hadwin A. F. 等人探讨了两种类型的在线自我调节学习干预措施，分别为：提供网络学习指导和提供网络学习辅导。[3] Proske A. 等人指出教师应该为在线学习环境下的自我调节学习者提供直接的学习干预及间接的学习干预，干预措施可以镶嵌到网络学习环境中也可以不镶嵌到网络学习环境中，主要由辅导教师提供。其中目标和导航支持，学习策略指导属于直接干预，提供反馈属于间接干预。[4] Kramarski B. 等人通过为学习者提供自我调节学习目标设定支持，以及相似环境下自我调节学习时间规划训练干预来有效支持学习者基于网络的自我调节学习。[5] Devolder A. 等通过八次实验验证在线学习环境中，为学习者自我调节学习的计划、监控、控制、反思等不同学习环节提供学习支架干预可以唤醒和提升学习者自我调节学习能力。[6] Bannert M. 等通过两次基

---

[1] Zhao P., Johnson G., "A Theoretical Framework of Self-Regulated Learning with Web-Based Technologies", *Global TIME*, No. 1, 2012, pp. 163 – 168.

[2] Hashemyolia S., Asmuni A., Daud S. M., "Factors Affecting Students'Self Regulated Learning Using Learning Management System", *Middle-East Journal of Scientific Research*, Vol. 19, No. 19, 2014, pp. 119 – 124.

[3] Hadwin A. F., Winne P. H., Nesbit J. C., "Roles for Software Technologies in Advancing Research and Theory in Educational Psychology", *British Journal of Educational Psychology*, Vol. 75, No. 1, 2005, pp. 1 – 24.

[4] Proske A., Körndle H., Narciss S., "The Exercise Format Editor: A Multimedia Tool For the Design of Multiple Learning Tasks", *Instructional Design for Multimedia Learning*, 2004, pp. 149 – 164.

[5] Kramarski B., Michalsky T., *Student and Teacher Perspectives on Improve Self-regulation Prompts in Web-Based Learning International Handbook of Metacognition and Learning Technologies*, New York, NY: Springer, 2013, pp. 35 – 51.

[6] Devolder A., van Braak J., Tondeur J., "Supporting self-Regulated Learning in Computer-Based Learning Environments: Systematic Review of Effects of Scaffolding in the Domain of Science Education", *Journal of Computer Assisted Learning*, Vol. 28, No. 6, 2012, pp. 557 – 573.

于大学生实验研究发现,在线学习环境中为大学生提供提示及明确提示训练的目的有助于唤起大学生已有自我调节学习能力。[1] Lehmann T. 等学者通过实验研究发现,为学习者提供直接的学习反思提示干预有助于激发在线学习环境中学习者的学习动机,提升在线学习环境中学习者的自我调节学习水平。[2] Narciss S. 等研究者在其发表的文章中指出,为学习者提供及时的学习行为反馈干预可以促进基于 Web 的学习环境中学习者自我调节学习水平,有利于提升学习绩效。[3] Van den Boom G. 等研究者对荷兰东部海尔伦地区 42 名职前教师进行网络环境下自我调节学习干预的试验研究,研究结果表明基于自我调节学习的反思干预提示、与学习者学习行为相关的反馈与无自我调节学习反思干预提示,以及与学习者学习行为无关的反馈干预相比,学习者更愿意接受前者,而且前者的组合干预有助于促进学习者的自我调节学习能力提升。[4]

张静认为应将大学生自我效能感作为突破口,探索网络学习环境下大学生自我效能感的差异以及造成差异的原因。并指出教师需要从教学目标、教学内容、教学活动以及教学评价四个方面对学生的自我效能进行干预,在促进大学生自我效能感提升的基础上,提高学习者的学习绩效。[5] 王广新指出远程学习者在时间管理方面普遍存在的问题,其中学习拖延是最普遍的问题,并指出激发内部学

---

[1] Bannert M., Reimann P., "Supporting Self-regulated Hypermedia Learning Through Prompts", *Instructional Science*, Vol. 40, No. 1, 2012, pp. 193 – 211.

[2] Lehmann T., Hähnlein I., Ifenthaler D., "Cognitive, Metacognitive and Motivational Perspectives on Preflection in Self-regulated Online Learning", *Computers in Human Behavior*, No. 32, 2014, pp. 313 – 323.

[3] Narciss S., Proske A., Koerndle H., "Promoting Self-Regulated Learning in Web-Based Learning Environment", *Computers in Human Behavior*, Vol. 23, No. 3, 2007, pp. 1126 – 1144.

[4] Van den Boom G., Paas F., Van Merrienboer J. J., & Van Gog T., "Reflection Prompts and Tutor Feedback in a Web-Based Learning Environment: Effects on Students' Self-Regulated Learning Competence", *Computers in Human Behavior*, Vol. 20, No. 4, 2004, pp. 551 – 567.

[5] 张静:《探究大学英语网络自主学习者自我效能感的干预》,《科技展望》2015 年第 12 期。

习动机、运用外部控制等干预策略对学习者时间管理进行干预。[①] 孙起帆在其硕士论文毕业论文中指出，自我调节学习的计划、监控、学习策略使用、任务难度处理均会表现出对学业成绩的正向预测作用，需从四个维度入手对学习者的学习采取干预措施。[②] 范丽恒等采用口语报告和实验干预的方法，探讨在超文本环境下日记干预对差生的自我调节学习能力和学业成绩的影响。[③] 赵君仡从学习资源、支持技术、自我调节学习能力等方面提出干预策略。[④] 李银铃在其博士论文中，从环境适应的视角构建远程培训干预框架，从人与内容，人与人交互角度出发设计干预助学事件。[⑤] 张超从培训绩效的视角出发，设计中小学教师远程培训干预的一维分类方法和二维分类框架，并遵循教育设计研究范式依次以学习动机、认识水平、学习共同体天赋结构为目标，设计中小学教师远程培训的学习干预。[⑥]

综上所述，通过对已有文献的分析发现，关于在线学习环境下的自我调节学习干预取得了一些进展。然而，国内对在线学习环境下学习者自我调节学习干预大多停留在对自我调节学习某一维度要素进行干预设计，验证某一种干预策略对学习者自我调节学习的影响，或者列举部分干预策略与方法。相对来说，缺乏整体性和系统性思考。关于中小学教师在线学习的干预设计国内大多以远程培训

---

① 王广新：《远程学习者时间管理的特征、障碍与干预方式》，《中国远程教育》2009年第9期。

② 孙起帆：《超文本学习环境中自我调节学习特征及干预研究》，硕士学位论文，河南大学，2010年，第35—49页。

③ 范丽恒等：《超文本学习环境中差生自我调节学习的过程干预》，《开放教育研究》2013年第1期。

④ 赵君仡：《开放大学自主学习现状及干预策略研究——以远程英语自主学习为例》，《广西广播电视大学学报》2015年第1期。

⑤ 李银铃：《教师远程培训中在线干预设计——环境适应的视角》，博士学位论文，华东师范大学，2008年，第56—76页。

⑥ 张超：《教师远程培训的学习干预研究》，博士学位论文，华东师范大学，2010年，第36—47页。

管理者的角度，从学习绩效提升、学习环境适应方面进行干预设计。而国外学者从最初较多关注对在线学习环境下学习者自我调节学习某一维度要素进行干预的实验设计，逐渐发展到在真实学习环境中，从多维度出发对在线学习环境下学习者自我调节学习能力进行多角度组合干预。这为本书构建干预框架、设计干预过程，从多维度探索系列的自我调节学习干预策略提供了有益的启示。随着教育信息化的普及与逐渐深入，大数据和学习分析技术的出现，使我们可以充分地利用在线学习环境中的学习数据，通过对数据的分析更确切地了解在线学习者学习特点及具体学习行为、学习状态，有针对性地提供恰当干预，提升学习者在线自我调节学习能力，提高学习绩效。

三 学习分析研究现状

学习分析是"大数据"在教育领域的应用，引发了教育技术发展的第三次浪潮，一经提出便受到学术界的广泛关注，成为近年来教育技术研究领域的新热点。学习分析技术作为正在浮现并具有发展潜力的技术，更加侧重解释和语义数据来改善学习[1]。世界知名的专注于研究新媒体与新技术在学习与教学中应用的美国新媒体联盟在 2010 版地平线报告中提出，需要重视教育可视化数据分析[2]。2011 年 2 月在加拿大的阿尔伯特省班芙市召开的第一届学习分析和知识国际会议，探讨了有关学习分析及其应用的相关研究，并一致通过了学习分析的定义，即学习分析技术是测量、收集、分析和报告有关学生及其学习环境的数据，用以理解和优化学习及其产生环境的技术[3]。学习分析包含数据收集、分析、学生学习、听众、干

---

[1] 顾晓清等：《学习分析：正在浮现中的数据技术》，《远程教育杂志》2012 年第 1 期。
[2] The Horizon Report 2011 edition（https://eric.ed.gov/?id=ED515956）.
[3] Learning and Knowledge Analytics-Knewton-the Future of Education?（http://www.learninganalytics.net/?p=126, 2011-04-17）.

预和预测五个要素，以提高教学和学习效果为终极目标。[①] 2012 年 4 月在加拿大温哥华举办第二届学习分析与知识国际会议重点聚焦跨学科领域专家对学习分析进行探索。2013 年 4 月在比利时鲁汶举办第三届学习分析与知识国际会议，会议议题为聚焦基于大数据的教育科研与技术改善学习，并提出学习分析与学习科学相联系以及利用信息分析改善教育中的教与学。2014 年 3 月在美国印第安纳举办第四届学习分析与知识国际会议，会议的议题聚焦于在线学习平台支持下教学与学习的创新发展。2015 年 3 月在美国纽约举办第五届学习分析与知识国际会议，以从大数据到大范围影响，即通过大数据技术实现对教育的实质性影响为议题。[②] 2016 年该会议涌现出了有关教学分析与教师分析的研究主题，专家学者开始重点关注利用数据进行教学分析，以便为学习者学习提供更有效的教学干预，为教师教学提供更好的教学帮助。通过分析学习分析的发展趋势可以看出，学习分析技术在教师的教学实践以及学生学习的改善领域受到研究者的广泛重视。[③] 此外，在 2012 版至 2015 版地平线报告中反复强调"学习分析"是影响当代学习科学与技术发展的主要方法与技术。[④]

（一）学习分析的参考模型

学习分析出现之后，国内外研究者均提出一些学习分析参考模型，这些参考模型可以使研究者明确学习分析的基本流程和学习分析的具体目标。其中比较有代表性的学习分析参考模型有：

[①] Learning Analytics: The Coming Third Wave (http://net.educause.edu/ir/library/pdf/ELIB1101.pdf) .

[②] 牟智佳、俞显:《知识图谱分析视角下学习分析的学术群体与热点追踪——对历年"学习分析与知识国际会议"的元分析》,《远程教育杂志》2016 年第 2 期。

[③] Bienkowski M., Feng M., Means B., "Enhancing Teaching and Learning through Educational Data Mining and Learning Analytics: An Issue Brief." *Office of Educational Technology*, 2012, pp. 1–57.

[④] 郑燕林、李卢一:《对大数据支持的学习分析与评价的需求调查——基于教师的视角》,《现代远距离教育》2015 年第 2 期。

1. 乔治·西门斯学习分析过程模型

学习分析最早的一位研究者乔治·西门斯描述了学习分析的含义及学习分析在教育中所能发挥的作用,并提出了被研究者广泛关注的学习分析过程模型,如图 2-3 所示。该模型从学习者数据(包括数据来源、数据种类)、分析(数据分析的方法)、预测及个性化或适应(学习分析的应用)等方面系统地展现了学习分析的具体流程。[①] 其中,学习分析的相关数据主要来源于两个方面:一方面来源于移动终端,如学习者在手机、平板电脑等移动终端的数据;社会性软件,PLE(个人学习环境)以及 LMS(学习管理系统)中留下的数据,通过对这些数据的分析可以了解学习者的学习行为及学习特点,对学习者的学习进行推断和预测。另一方面来源

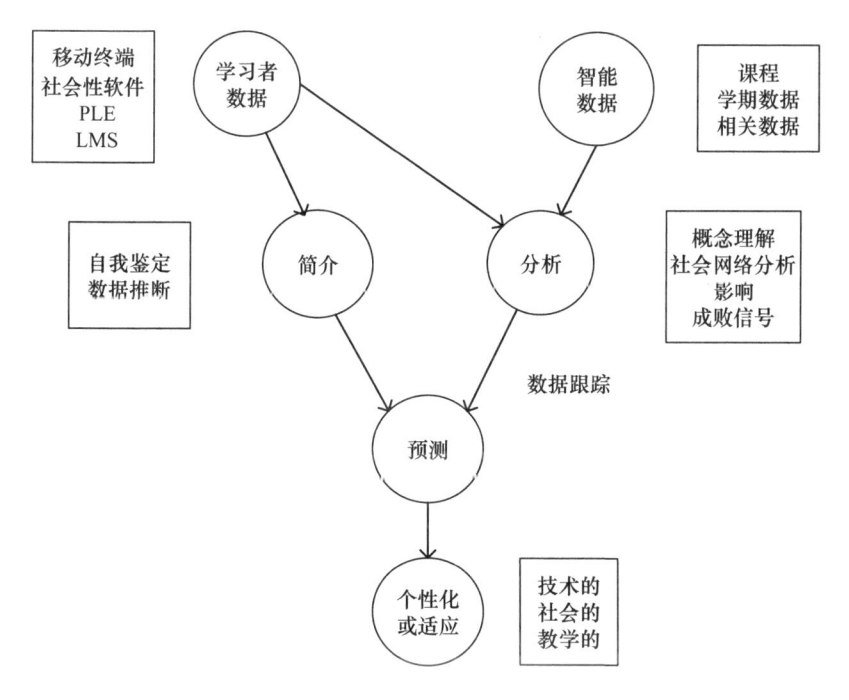

图 2-3 乔治·西门斯学习分析过程模型

[①] George Siemens: What are Learning Analytics? (http://www.elearnspace.org/blog).

于学习者的智能数据，例如学习者参与学习课程，学期数据，以及学习者的已有知识水平、学习能力等方面的相关数据。研究者或者教师根据自身科研及教学的需要，通过对学习者两方面来源的数据进行分析并可视化呈现，了解学习者在学习过程中可能存在的潜在困难，进而为学习者的学习提供及时、有效的指导与干预，帮助学习者及时对学习进行调整，实现学习绩效的提升。同时，乔治·西门斯的学习分析过程模型强调要从技术的（主要指信息技术支持）、社会的以及教学的角度综合考虑，为学习者提供全面多方位的指导和干预。

2. 伊莱亚斯学习分析持续改进模型

伊莱亚斯在对学习分析概念进行理解和界定的基础上，提出了学习分析持续改进模型，如图2-4所示。该模型强调了学习分析过程的循环结构理念同样受到研究者的认可和接受。[①] 模型描述了在学习分析过程中首先获取数据，然后依据分析目标对获取的数据

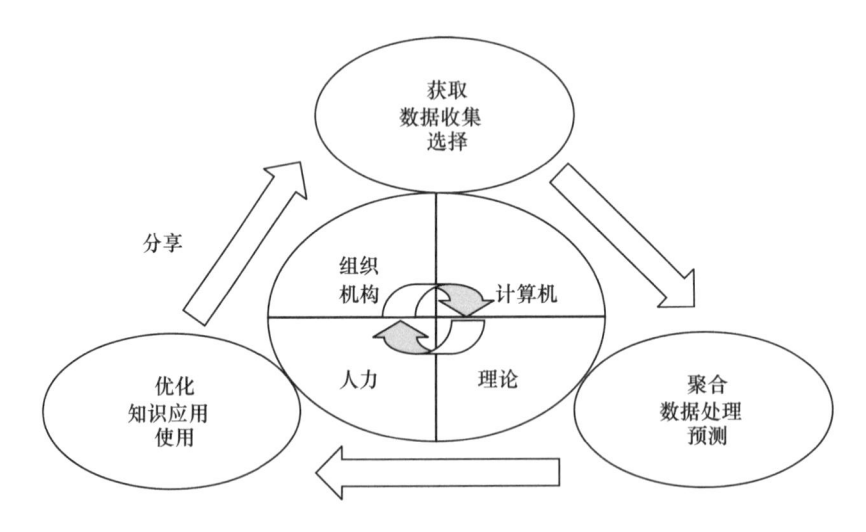

图2-4 伊莱亚斯学习分析持续改进模型

---

① Learning Analytics: Definitions, Processes and Potential (https://www.semanticscholar.org/paper/Learning-Analytics%3A-Definitions%2C-Processes-and-Elias/732e452659685fe3950b0e515a28ce89d9c5592a).

进行选择并进行结构化处理,之后将结构化的数据进行聚合分析并进行结果预测,最后依据数据分析结果优化学习过程促进知识应用、使用,到此完成了一个学习分析循环。但此时学习分析并没有结束,得到改善的学习者学习数据会再次被收集和分析,从而进入新一轮的学习分析过程,如此循环进行,不断地对学习者的学习过程进行改善和优化。此外,伊莱亚斯指出在学习分析持续改进模型中还要涉及相关的组织机构、计算机、理论和人力四个要素。[1]

3. 德国亚森工业大学学习分析四维度参考模型

德国亚森工业大学 Chatti M. A. 等人 2012 年在其研究中构建了学习分析四维度参考模型,如图 2-5 所示。该模型由四个维度构成,分别是数据与环境、受益者、目标以及方法。[2] 其中数据与环境主要是指数据的来源,一般指采集、管理以及使用诸如 Blackboard、Moodle 等学习管理系统中学习者学习活动的日志数据、文本数据以及学习交互数据等;受益者主要是指学习分析的受益者,Chatti M. A. 等人认为学习分析的受益者可以是学习者、教师、智能导师机构、研究者以及系统设计师(主要指学习系统或者教学系统的设计者)。对于学习者来说主要通过学习分析改善学习行为,提高学习绩效。而教师关注如何通过学习分析有效地开展教学,满足学习者的个性化需求。智能导师机构感兴趣的是使用学习分析工具来支持决策、识别具有潜在风险的学生、减少在线学习者的辍学率以及提高学习者学习绩效。研究者和系统设计师更加关心如何共享学习分析的有效成果以及探索新的学习分析工具等。Chatti M. A. 等人还特别强调要尊重学习者学习数据的隐私、伦理,防止数据的滥用;目标主要是指学习分析的目标,Chatti M. A. 等人指出学习分析的目标主要包括监控/分析、预测/干预、辅导/指导、评价/反

---

[1] 张玮、王楠:《学习分析模型比较研究》,《现代教育技术》2015 年第 9 期。
[2] Chatti M. A., Dyckhoff A. L., Schroeder U., & Thüs H., "A Reference Model for Learning Analytics", *International Journal of Technology Enhanced Learning*, Vol. 10, No. 2, 2012, pp. 1–21.

馈、自适应、个性化推荐以及反思。其中监控/分析主要包括对学习者学习活动的跟踪以及教师为了不断改善学习环境对学习者学习过程的监控与评价。预测/干预主要是指通过对学习者当前的学习状态进行分析，预测学习者的学习知识水平以及未来的学习成绩，并有针对性地为学习者提供学习活动、学习资源等学习干预，帮助学习者改善学习绩效。评价/反馈主要是指通过教师或者学习管理系统对学习者学习行为进行反馈，帮助学习者对自己的学习过程进行自我评价。个性化推荐主要是通过对数据的分析为学习者有针对性地推荐学习资源、学习活动以及学习伙伴，增强学习者自主学习能力。反思是指学习者通过对比自己以及他人的学习分析数据，反思自己的学习过程，找到自己学习存在的问题；方法是用于挖掘隐藏在教育数据背后信息的方法，诸如统计学、可视化、个性化推荐、数据挖掘以及社会网络分析等方法。

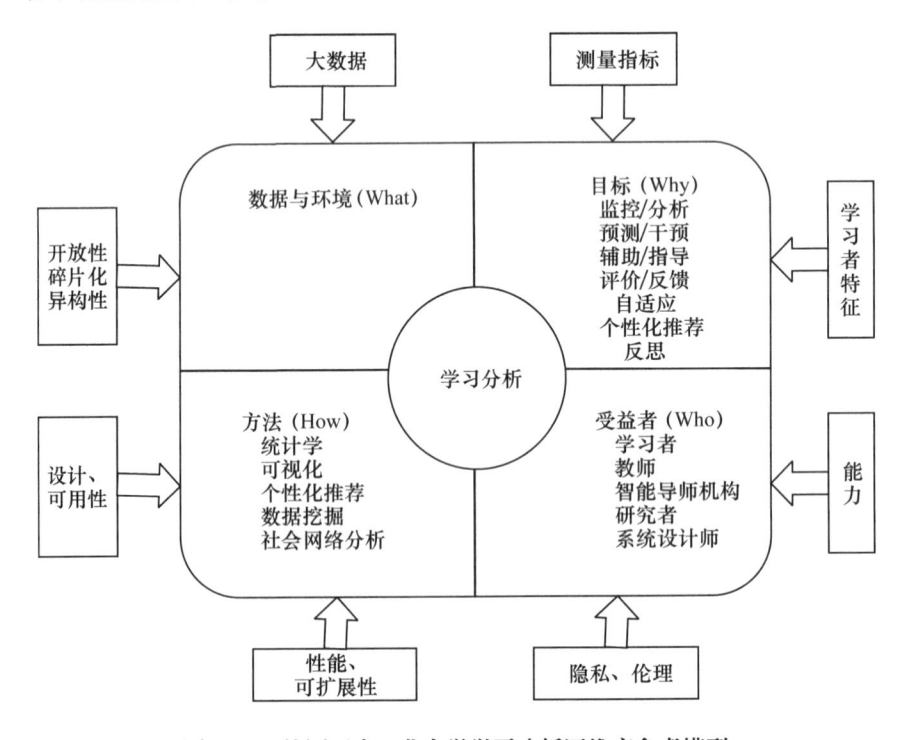

图 2-5　德国正森工业大学学习分析四维度参考模型

中国学者也从不同的角度对学习分析模型展开了研究，并提出了一些学习分析的参考模型。其中，花燕峰等研究者提出了基于MOOCs的多元同心学习分析模型，以学习分析促进MOOCs的个性化教育为核心，从学习过程、学习环境、教育环境、数据挖掘、应用支持服务、受益者等多元化视角出发，构建基于MOOCs的多元同心学习分析模型。[①] 姜强等学者从个性化自适应学习系统的研究视角，构建了基于大数据的个性化自适应在线学习分析模型。[②] 李艳燕等从学习过程、学习环境、教育环境、受众及数据分析的支撑技术等方面综合考虑，提出学习分析概念模型。[③]

综上所述，虽然已有研究者从不同视角构建了不同的学习分析模型，但学习分析模型基本包含数据的来源、数据分析的方法、数据分析的目标以及数据分析结果的受益者，有部分学者开始在学习分析模型中考虑了学习分析的隐私与伦理道德。本书将充分借鉴学习分析模型的已有研究成果，在考虑隐私和伦理道德的基础上，对教师在线学习的相关数据进行分析。了解教师的个人基本信息数据，明确中小学教师在线自我调节学习的水平，分析教师在线学习行为，全面客观地掌握教师在线学习的状态，进而更加精准地为教师提供恰当的自我调节学习干预服务。

(二) 学习分析方法

当前，已有一些研究者对学习分析的工具和方法进行相关研究，在学习分析领域受到广泛关注的学习分析方法主要有：统计分析、内容分析、社会网络分析等。[④]

[①] 花燕峰、张龙革：《基于MOOCs的多元同心学习分析模型构建》，《远程教育杂志》2014年第5期。

[②] 姜强等：《基于大数据的个性化自适应在线学习分析模型及实现》，《中国电化教育》2015年第1期。

[③] 李艳燕等：《学习分析技术：服务学习过程设计和优化》，《开放教育研究》2012年第5期。

[④] 孟玲玲、顾小清、李泽：《学习分析工具比较研究》，《开放教育研究》2014年第4期。

1. 统计分析

目前，学习管理系统一般具有一些简单的统计功能，例如在学习平台的日志数据中通常有对学生登录学习平台次数、在线学习时间、浏览资源次数、讨论区发帖数量、回帖数量、完成作业时间以及数量等基本统计功能。然而，大部分学习管理系统中的日志数据只对教师或学习平台管理人员可见，学习者则很少能看到自己的学习数据。因此，教师或者在线学习辅导老师通过对学习平台的日志数据进行统计分析并以可视化的形式呈现给学生，有利于教师准确了解学习者的学习状态，同时也有利于在线学习者及时了解自己的学习行为，对自己的学习行为进行及时调整，有利于促进学习者的在线自我调节学习。在对学习平台的日志数据进行分析时，比较有代表性的统计分析工具为 SPSS 软件。SPSS 软件集数据输入、编辑、统计分析、图表制作、生成结果报表于一体，可支持从策划到数据收集、分析、报告和部署各环节。[1] 该工具包含必需的基础分析模块及 15 个拓展模块。主要可以对数据进行汇总、计数、分类、描述性统计分析、差异分析、项目分析、因子分析、回归分析及聚类等相关分析。

2. 内容分析法

内容分析法一般按照一定规则，将文本内容系统地分配到各个类目中，并使用统计工具对包含在这些类目中的关系进行分析。内容分析通常包含五个环节：分析对象选定、编码员培训、编码员按照培训的分类规则对抽取内容进行测量和分类记录、对编码员编码结果进行信度检验、对量化数据进行分析，以描述典型的特征或结构。此外，根据分析内容存储形式不同及分析目的不同可以选择一些已有的内容分析工具。其中 Wordle 在线文字云可以自动统计文本中词汇出现频次，并可视化呈现，使用此工具可以分析诸如学习

---

[1] 吴明隆：《问卷统计分析实务——SPSS 操作与应用》，重庆大学出版社 2010 年版，第 56—70 页。

者对某一讨论话题的关注点，找出学习者重视或忽略的概念，及时引导学习者的讨论方向。而 Nvivo 是一款质性分析工具，运用此款软件可方便地收集、整理和分析访谈、小组讨论、视频、音频等内容，还可协助处理社交媒体和网页内容以及分析无特定结构或半结构化数据，如课堂视频、论坛互动等。

3. 社会网络分析

社会网络分析主要用于研究行动者与行动者之间的相互关系。因而社会网络分析非常适合用来研究在线学习环境中学习者的参与性。运用社会网络分析可以分析学习论坛、学习社区中的学习者与其他成员之间错综复杂的关系和联结，还能清晰展现已经完成的教育活动中发生了什么。当以学习者个体为研究对象时，运用社会网络分析法，可以判断哪些学习者个体从哪些同伴那里得到了启示，学习者个体在哪里产生了认知上的困难，哪些情境因素影响了学习者个体的学习过程等。当以整个网络为研究对象时，社会网络分析法主要关注在线学习中信息的分布以及学习者学习的进展情况。社会网络适应教学实践软件（SNAPP）是一款可视化的实时社会网络分析工具，由澳大利亚卧龙岗大学的学者们开发设计。社会网络适应教学实践软件可方便地应用于商业和开源的网络学习平台，如 Blackboard、WebCT、Moodle 以及 Sakai 等，可以对在线学习讨论区进行实时分析并可视化呈现讨论区的社群图。运用此软件可以使教师随时关注学习社区的整体结构特征，省去了数据人工收集、建立关系矩阵等繁杂的前期工作①。

（三）学习分析应用研究

目前，国内外学者对学习分析具体应用均展开了广泛的研究，2011 年美国西部州际高等教育委员会教育技术合作部教育大数据分析项目预测分析报告中，运用学习分析技术确认影响学生在线学习

---

① SNAPP: A Bird's-Eye View of Temporal Participant Interaction（http://lak12.sites.olt.ubc.ca）.

的因素以及是否能够毕业的因子。[1] Agudo-Peregrina Á. F. 等人在定义三种类型学习交互的基础上，尝试运用学习分析技术分析在线学习交互与学习效果之间的影响关系。[2] Macfadyen L. P. 等人研究在 Blackboard 学习管理平台上运用学习分析技术分析学生学习行为数据，确定影响学习效果的主要因素，对成绩可能不佳的学生及时采取干预措施，促进其顺利完成学习。[3] Pistilli M. D. 等人在普渡大学开展课程信息号灯系统研究，通过综合获取学习者的个人特质、过去的学习经历以及学习者的学习投入等方面数据，并对学习者数据量化处理，监测学习者的学习状态进而为学习者提供早期学习干预。在该研究中教师给予学习者的教学干预主要包含五个方面：(1) 在学生学习管理系统的个人主页面呈现信号灯颜色；(2) 通过发邮件告知学生的具体学习情况；(3) 给予学生文字性建议；(4) 为学生推荐学习顾问以及学习资源；(5) 教师面对面对学生进行指导。[4] 北亚利桑那大学研究了基于学习分析技术的评价绩效系统，该系统通过收集学生在课堂中出勤情况、学习成绩和课业问题三类表现数据对学生的学习情况进行评级，并有针对性地给予有益建议，然后通过邮件发给学生。[5] Bakharia A. 等人设计并开发社会网络适应教学实践软件工具，用于实时分析学生参与讨论的情况，目的是尝试识别处于学习风险状态的学生，增强学生个人与班

---

[1] WCET Predictive Analytics Reporting (PAR) Framework Project Delivers Millions of Course Records for Review and Analysis (http://www.prweb.com/releases/2011/10/prweb8882165.htm).

[2] Agudo-Peregrina Á. F., Iglesias-Pradas S., Conde-González M. Á., & Hernández-García Á., "Can We Predict Success from Log Data in Vles? Classification of Interactions for Learning Analytics and Their Relation with Performance in Vle-Supported F2F and Online Learning", *Computers in Human Behavior*, No. 31, 2014, pp. 542 – 550.

[3] Macfadyen L. P., Dawson S., "Mining LMS Data to Develop an 'Early Warning System' for Educators A Proof of Concept", *Computer & Education*, Vol. 54, No. 2, 2010, pp. 588 – 599.

[4] Pistilli M. D., Arnold K. E., "Purdue Signals: Mining Real-time Academic Data to Enhance Student Success", *About Campus: Enriching the student learning experience*, Vol. 15, No. 3, 2004, pp. 22 – 24.

[5] Learning Analytics Framework (http://www.greller.eu/wordpress/?p=1467).

级其他成员的协同,对处于边缘的学生给予恰当的学习干预。[1]

祝智庭、沈德梅将学习分析作为构建智慧学习环境的支撑技术之一,用于理解、优化学习过程和学习情境。[2] 胡艺龄等利用学习分析技术实现对学习者学习过程的监测与评价。[3] 魏顺平选取学习管理系统中存储的海量学习数据,分析成人学习者在线学习现状及影响因素。[4] 张羽、李越将学习分析应用到MOOCs中,促进在线教育质量的提升。[5] 何克抗在其发表的文章《"学习分析技术"在中国的新发展》一文中,对学习分析技术的含义进行了详尽的阐释,并从社会对学习分析技术的需求以及学习分析技术的研究领域进行了深入思考。[6] 李彤彤等从大数据学习分析的视角,构建基于学习者学习风格类型、学习进度水平、学习互动水平、学业成就水平四个维度的学习干预模型。[7] 刘三女牙等通过对已有文献的分析提出了量化学习概念,分析了量化学习与学习分析的区别与联系,指出建构数据化认知是量化学习的前提,个性化学习服务是量化学习的核心。[8] 唐丽等从学习分析的视角探讨在智慧学习过程中从个体干预、群体干预以及小组干预三方面对学习者的学习进行干预。[9]

综上所述,国内外学者均对学习分析的应用展开了广泛的研

---

[1] Bakharia A., Heathcote E., Dawson S., Social Networks Adapting Pedagogical Practice: SNAPP, University of Auckland, 2009. pp. 123 – 136.

[2] 祝智庭、沈德梅:《学习分析学:智慧教育的科学力量》,《电化教育研究》2013年第5期。

[3] 胡艺龄等:《教育效益的追问:从学习分析技术的视角》,《现代远程教育研究》2014年第6期。

[4] 魏顺平:《在线教育管理者视角下的学习分析——在线教学绩效评估模式构建与应用》,《现代教育技术杂志》2014年第9期。

[5] 张羽、李越:《基于MOOCs大数据的学习分析和教育测量介绍》,《清华大学教育研究》2013年第4期。

[6] 何克抗:《"学习分析技术"在中国的新发展》,《电化教育研究》2016年第7期。

[7] 李彤彤等:《基于教育大数据的学习干预模型构建》,《中国电化教育》2016年第6期。

[8] 刘三女牙等:《量化学习:数字化学习发展前瞻》,《教育研究》2016年第7期。

[9] 唐丽、王运武、陈琳:《智慧学习环境下基于学习分析的干预机制研究》,《电化教育研究》2016年第2期。

究，其中国外学者从对学习分析的概念、内涵、分析流程等方面的研究逐步深入到在真实情境学习中利用学习分析技术预测、干预以及优化学习者学习过程方面的研究。国内学者也逐渐开始对学习分析的具体应用进行探索性研究，但多集中于对学习分析模型，以及学习分析应用的理论框架进行研究，而在真实学习情境中运用学习分析开展的实践研究仍相对较少。

四 研究述评

通过对教师在线学习、自我调节学习以及学习分析相关研究现状分析发现，目前国内外学者对在线学习均展开了广泛的研究，其中对教师在线学习相关研究，国外学者的研究主要涉及教师在线学习项目的优化设计、在线学习中的交互体验及其对教学的影响、在线学习环境设计、在线学习模式设计等方面。其研究趋势逐渐从项目优化设计、在线专业发展模式研究向提升在线学习效果转变。中国学者最初针对教师在线专业发展的研究多是对研究背景、概念、特点以及国外教师在线专业发展项目的描述性介绍，然后开始关注教师远程培训模式、远程培训策略、远程培训影响因素、远程培训存在的问题与对策、远程培训平台、远程培训效果等方面。其研究成果均在一定程度上对教师的远程培训起到促进作用。

然而，随着时代的发展，信息技术的进步，促进教师在线学习的相关研究有更进一步拓展的空间。

首先，以往研究大多是自上而下从教师培训管理者视角提出相应的远程培训干预策略，提升教师远程培训效果。而教师在线学习更多地体现自我调节学习特征，因此本书从教师的实际学习情况出发，探索教师在线自我调节学习的干预框架，干预过程以及具体干预策略，从促进教师学习的角度来提升教师在线学习效果。

其次，有关自我调节学习干预研究大多限于传统课堂环境，研究对象多集中于在校学生，主要是对中小学生自我调节学习影响因素与干预措施的研究，干预多通过教师言语行为实施。虽然有学者指出要结合成人工作场域，关注成人自我调节学习，提升成人学习效果，但相关研究成果不多，而针对教师在线自我调节学习的研究成果很少。本书综合分析教师在线自我调节学习的现状，针对教师在线自我调节学习的特点，结合学习过程相关数据，利用在线学习环境的优势，旨在多渠道、多频次、多时段地为参与学习的教师提供有针对性的干预服务。

最后，已有研究者倾向从心理学角度对学习者自我调节学习进行干预研究，通常对学习者自我调节学习动机、自我效能、意志力、认知、元认知等某一维度采取干预措施，或者对学习过程的某一个环节，如：目标设定、策略使用等采取传统的干预方式，多为在非真实环境下的实验研究。本书从学习分析的视角，在教师在线学习的真实环境中，跟踪教师在线学习的全过程，通过对教师个人的基本信息、在线自我调节学习水平、学习行为等相关数据进行综合分析，针对分析结果利用可视化技术、社交媒体、移动技术等先进技术，通过学习平台、辅导教师以及学习同伴为教师提供"提示—反馈—推荐"相结合的系统性干预策略及干预服务，促进教师在线学习目标设定、增强学习动机，帮助教师实现对在线学习的自我观察、自我监控以及自我调节，引导其对学习效果进行合理自我评价、正确归因，从多角度进行自我反思。不断提升教师在线自我调节学习能力，提高在线学习效果。

第二节 理论基础

一 社会认知学习理论及启示

（一）主要观点

社会认知理论的奠基人阿尔伯特·班杜拉突破传统的行为主义理论框架，从认知和行为联合起作用的观点去看待社会学习，认为社会学习是一种信息加工理论和行为强化理论的综合过程。因为行为强化理论无法阐明行为获得过程中所产生的内部认知活动，而信息加工理论则把行为操作因素忽略掉了。阿尔伯特·班杜拉尝试回答人的行为是怎样发生的问题，认为在社会情境中人的大多数行为都是通过示范和观察学会的。学习者在观察学习中无须直接做出反应，也不必亲身体验直接的强化，只需要通过观察他人接受一定的强化来进行学习，这种建立在替代性经验基础上的学习模式是人类学习的重要形式，其本身也是具有认知性的。阿尔伯特·班杜拉认为人的行为是环境、个人（个体的特征）、行为相互影响的结果，这三者之间相互影响、相互作用，任何一个单一因素都不足以决定人的行为，如图2-6所示。个人的行为既受个人遗传因素、心理特征（特别是认知活动）的制约，也受到环境（包括物理环境与社会环境）的影响。同时，个人也会根据行为所产生的后果来调整后续的行为，这就是社会认知理论中的三元交互理论主要观点。

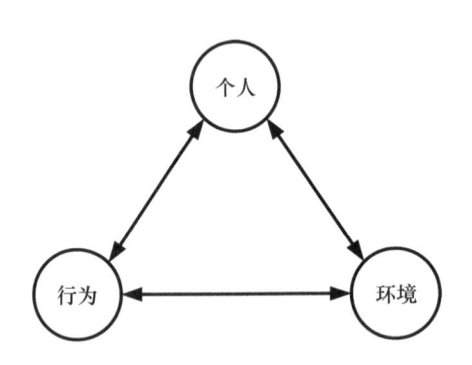

图2-6 三元交互理论

齐莫尔曼·巴里教授在吸收和借鉴阿尔伯特·班杜拉个人、行为、环境三元交互思想的基础上，在1989年提出了自我调节学习模型，并在1998年和2000年对所提出的自我调节学习模型作了进一步的补充和说明。齐莫尔曼·巴里认为，自我调节学习也要涉及学习者个人、学习行为以及学习环境三者之间的相互作用，认为自我调节学习能力在个人、行为和环境的交互作用过程中得到发展。即学习者通过观察学习接收环境中的信息，形成并改变学习者内部认知结构，进而调节自己的学习行为。也就是说，学习者个体的内部因素、学习行为以及学习环境三者互相影响，互为因果关系。每两个元素之间都具有双向的相互决定关系，每个因素可以影响和决定其他两个因素，同时又受其他两个因素影响和决定。其中，自我调节学习的个人要素主要包括动机、自我效能感、学习策略、设置的目标、归因和情感等。影响自我调节学习两个关键内部变量是自我效能感和学习策略，主要因为这两个变量直接影响学习者的学习动机以及学习策略方法的使用；自我调节学习的行为要素主要是指学习者对学习的自我观察、自我判断和自我反应，这几种行为会影响自我调节学习的效果和下一步学习的努力方向；自我调节学习的环境要素主要由物质环境和社会环境组成。物质环境包括学习场所、学习资源等，而社会环境是在学习过程中与他人发生的联系，包括他人提供的学习帮助，学习榜样等。然而，个体、行为、环境的交互作用也不是一成不变地具有相同的影响作用，由于个体不同、学习任务不同、学习环境变化，某些时间节点或者某个情境中个体的内部因素、行为因素或者环境因素三者中的某一种或者两种起到决定性作用，也可能三种因素同时起作用。

此外，社会认知理论的研究者认为人类学习具有以下几个普遍原则：

1. 学习者可以通过观察他人行为及行为结果进行学习

社会认知理论研究者认为大部分学习不是通过尝试错误而发生，而是通过观察其他个体榜样的行为及榜样行为的结果来进行的。

2. 学习者即使没有行为改变，学习也可能发生

社会认知理论研究者认为人们通过观察就可以学习，因此他们的学习不一定会立刻反映在他们的行为上，某个时刻学习到的东西

有可能当时就通过行为表现出来，也可能过一段时间之后才有所表现。

3. 学习者的认知因素在学习中发挥着重要作用

社会认知理论研究者认为对"反应—强化"和"反应—惩罚"相互关系的知觉和对未来反应结果可能性的期待，都会影响学习行为。

4. 学习者可以控制自己的行为和环境

社会认知理论研究者认为学习者可以积极地采取措施来创造或改变他们的学习环境，或者通过自己改变，或者通过寻求他人的支持和帮助。总之，学习者通常是有意识、有目的地做这些，学习者有个体能动性。

（二）理论启示

以阿尔伯特·班杜拉为代表的社会认知理论研究者强调学习者个人内部因素、行为因素、环境因素对自我调节学习的相互影响。同时强调观察学习的重要性以及学习者认知因素、个体能动性在学习中的作用。社会认知学习理论对本书设计干预机制及具体干预策略具有重要指导作用。在本书中，对教师在线自我调节学习干预机制及具体干预策略的设计要综合考虑教师个人、行为以及环境三者之间的潜在交互关系，通过设计合理的干预机制和干预策略激发学习者动机、认知以及元认知等内部要素，唤醒学习者对学习行为的自我观察和自我监控，对学习环境的有效利用。同时，按照阿尔伯特·班杜拉的社会学习理论，学习者个体因素、行为因素、环境因素三者之间是潜在双向互动的，所以本书中对教师个人、行为、环境三方面某一个方面的干预可能会对其他方面也产生积极的正向作用。例如，通过对教师在线学习行为的积极正向反馈，可能会增强教师学习的信心，提高学习动机，学习动机的提升可能又会促进其学习过程中产生更多的生成性学习资源，供他人学习和借鉴，进而又丰富和改善学习环境。

二 体验学习理论及启示

（一）主要观点

体验学习理论兴起于20世纪初期，最早的"体验"源于杜威的经典著作《经验与教育》中的"经验"一词，认为所有真正的教育都要通过经验发生，教育即生活、即生长、即经验改造，主张"从做中学"。指出在运用经验引发学习的时候，经验需要表现出连续性和交互性。所谓连续性是指学习者的每一种过往经验都会对以后的学习提供营养，在以往经验的基础上以某种方式改变后来经验的质量。交互性是指学习者某种经历的存在取决于在特定时间，学习者与其所处的环境之间发生某种交互作用。

20世纪80年代美国学者戴维·库伯在杜威等前人研究的基础上，系统地、完整地阐释了体验式学习理论，指出学习是体验的转换并创造知识的过程，并提出了著名的体验学习圈理论，指出从体验中学习需要的四种能力：（1）学习者需要具有使自己置身于各种新体验的意愿（具体经验）；（2）学习者能够从不同角度对新的体验进行观察和反思（反思观察）；（3）学习者需要能够从观察中形成自己观点和对概念的解析（概念抽象）；（4）学习者在学习后能够将新的理论观点及概念运用到自己的现实生活和工作中解决实际问题（行动应用）。戴维·库伯把这些能力分布到体验学习圈模型的不同环节中，即一切学习从具体的经验开始，经过反思观察，到概念抽象再到行动应用进行循环往复，最后实现螺旋式上升。

（二）理论启示

体验式学习理论强调学习经验要注重连续性和交互性。同时，指出学习要注重学习者的实践和亲身体验，并在体验过程中及体验之后对学习进行反思，而且强调利用所学指导工作生活实践，在实践中将所学内容升华。在体验学习理论的指导下，本书在干预过程设计环节，将干预策略融入教师在线自我调节学习过程中，在计划与准备阶段、执行与控制阶段以及评价与反思阶段分别为学习者提供持续的学习干预指导。使教师在线自我调节学习能力不断地在"具体经验—反思观察—概念抽象—行动应用"过程中螺旋式上升。

三 成人学习理论及启示

（一）主要观点

成人学习理论认为成人由于年龄、生理、心理以及环境的不同具有与青少年和儿童不同的学习特征。19世纪60年代末，就职于美国波士顿大学教育学院的著名教育心理学家马尔科姆·诺尔斯在他编著出版的《被忽略的群落：成人学习者》一书中提出了成人学习理论并进行了全面阐述。马尔科姆·诺尔斯的研究表明，成人学习者的学习主要具有以下五个特点：

1. 成人学习者的学习多以任务和问题为中心

青少年和儿童的学习多是为以后做准备，常常指向未来的生活，相比之下成人学习者的学习目标更加明确，希望所学内容能够直接解决现实工作和生活中的问题，参与学习是一个学以致用的过程。所以，成人学习者更加倾向围绕问题解决以及以任务为中心的学习。

2. 成人学习者的学习活动受成人个体生活经验影响

青少年和儿童学习者在学习过程中主要是吸收间接经验，为今后的学习生活打基础。而成人学习者在学习过程中较多地凭借自己工作生活中的已有经验来理解和掌握知识。

3. 成人学习者会把学习需求和社会角色以及责任相联系

青少年和儿童时期的学习更多是以身心发展为主，更好地达到未来社会对他们的期望。而对于成人学习者，参与学习更多时候是为了促进自身更好地完成所承担的社会责任。

4. 成人学习者具有独立的自我意识能够管理自己的学习

青少年和儿童学习者在常规的学校学习过程中一般由教师来决

定学习目标、学习内容、学习进度，学习者对教师的依赖相对较大。而成人学习者在学习活动中具有较强的个人意识和责任感，可以自己制订学习计划、选择学习内容，教师主要是协助者和支持者。

5. 成人学习者的内部学习动机对学习的影响远大于外部学习动机

成人学习者的持久学习动力更多来源于自我实现，虽然收入、晋升、名誉、声望等外部因素也会对学习产生影响，但相比之下内部动机对成人学习者的学习效果影响更加明显。

（二）理论启示

成人学习理论认为成人学习具有以问题和任务为中心、有独立的自我意识能够管理自己的学习、受生活经验影响、与社会角色和责任相关联等特点，成人学习理论对于本书设计具体的干预策略具有一定的指导意义。就本书的研究内容而言，教师作为成人学习者，具有成人学习者的特征，因此，本书的干预策略设计在充分考虑教师作为成人的学习规律与特点，尊重和合理利用教师的个人经验，考虑不同地区、不同特点教师真实工作和生活环境的实际情况，帮助教师合理地分析学习任务、明确所学习内容与解决教学实践问题的关系，细化学习目标、制订学习计划、监控与调整学习行为、评价与反思学习过程与学习结果，通过帮助教师实现对在线学习的自我管理，促进教师在线自我调节学习能力的提升。

同时，在教师在线自我调节学习干预策略的设计过程中，仍然需要重视对教师在线学习动机的激发与维持，为教师及时提供各种支持服务，有针对性地提供本土化的学习资源，促进教师将已有经验与所学知识建立联系，对学习过程中的进步及时给予表扬与肯定，使教师意识到在线学习过程中自己的成长，增强学习的信心，为教师提供共享交流和展示自己学习成果的学习平台，在学习过程中通过不同的干预策略激发和维持教师在线学习的动机。

此外，成人学习者会把学习需求和社会角色以及责任相联系，因此在为教师提供在线自我调节学习干预策略时，尽量使其明确提供干预策略的目的。例如，为其提供在线学习工具时，要明确某种学习工具的作用；推荐学习资源时，要有明确的解释，介绍此种学习资源有助于提升学习者哪些方面的能力，避免使学习者感到额外推荐的学习资源是一种学习负担，进而使学习者愿意接受辅导教师的指导与干预，使所设计的干预策略能够更好地发挥作用，促进教师在线自我调节学习能力的提升，以及在线学习效果的提高。

第三章

教师在线自我调节学习现状调查分析

通过上一章对相关文献进行梳理发现，自我调节学习的研究群体多为学校教育中的在校学生，从小学生到大学生都有囊括，已有自我调节学习调查工具主要针对在校学生编制，而对于在线学习环境下，针对中小学教师自我调节学习的相关研究不多。本章将在已有研究的基础上，编制适合中小学教师特点的在线自我调节学习问卷，并依据所编制信度、效度较高的问卷调查中小学教师在线自我调节学习现状，以为后续干预设计奠定现实基础。

第一节 教师在线自我调节学习调查工具设计

一 调查工具编制必要性

已有研究者编制的自我调节学习问卷较多针对中小学生，部分针对大学生进行设计，丁桂凤在创建学习型组织中企业员工自我调节学习研究中，构建了在职成人的自我调节学习问卷。而且已有较成熟的自我调节学习问卷主要是针对传统学习环境构建，不同研究者由于研究侧重点的不同，建构的自我调节学习问卷维度有所差异。在本书中，由于研究群体和群体学习环境的变化，有必要有针对性地编制适合中小学教师特点的在线自我调节学习问卷，并进行信度、效度检验。利用此问卷对中小学教师在线自我调节学习现状进行调查，明确目前中小学教师在线自我调节学习的基本状态，诊断存在的问题，以便有针对性地进行干预设计。

二 调查工具设计与开发

通过前期对自我调节学习相关测量工具的归纳与总结，可以发现已有自我调节学习问卷主要包括学习动机和学习策略两个维度，部分问卷考虑了自我效能维度。本书在对已有自我调节学习问卷维度进行梳理的基础上，从众多国内外有关自我调节学习能力测量问卷中选择被研究者广泛认可的宾特里奇·保罗等人编制的《学习动机策略问卷》作为主要参考，通过咨询相关专家并辅以对教师进行访谈，最后从在线学习动机、在线学习自我效能感、在线学习策略等方面设计教师在线自我调节学习问卷。问卷中各个题项内容重点参考宾特里奇·保罗等人编制的学习动机策略问卷，同时结合在线学习环境的特点，从教师的实际情况出发，本着教师容易理解的原则，设计问卷各题项的具体内容。

（一）教师在线自我调节学习问卷结构

问卷由三部分组成：第一部分为教师个人基本信息。包括性别、年龄、学历、所教学科、教龄、学校所在地，其中学校所在地主要为区分城镇教师和农村教师。第二部分为教师在线自我调节学习问卷的具体题项。主要从三个方面进行设计，分别是在线学习自我效能，主要考察教师对自己在线学习平台操作技能以及对在线学习交互的信心；在线学习动机，主要考察教师在线学习的内部动机及外部动机；在线学习策略，主要考察教师已有的在线学习策略。

（二）教师在线自我调节学习问卷题项设计

依据问卷关注的维度，本书编制的教师在线自我调节学习问卷初始设计59个题项，通过听取3位教师教育以及3位在线学习方面专家的建议，以及与 10 位一线教师进行访谈沟通，删除了部分题项，并对保留下来的题项内容进行了相应修改，使更改后的题项内容更容易被教师理解，最后问卷由 43 个题项组成，如表 3-1 所示。每个题项统一采用李克特七点计分形式（非常不同意 =1，不同意 =2，有点不同意 =3，一般 =4，有点同意 =5，同意 =6，非常同意 =7）。

表 3-1　　　　　　　　教师在线自我调节学习问卷

Q1	在线学习过程中，我对在网络学习平台上顺利完成学习任务有信心。
Q2	在线学习过程中，我对网络学习平台的相关操作有信心。
Q3	在线学习时，我对快速了解学习平台的功能有信心。
Q4	在线学习环境中，我对收发电子邮件以及上传和下载文件有信心。
Q5	在线学习环境中，我对使用在线交流工具（如电子邮件、论坛等）与他人进行交流有信心。
Q6	在线学习过程中，我对通过发表讨论帖子表达我的想法和情感有信心。
Q7	在线学习环境中，我对自己在网络学习平台讨论区提问题以及与其他教师同行就此问题进行交流有信心。
Q8	与传统教师培训相比，我更喜欢在线形式的专业提升学习。
Q9	参与在线学习可以丰富我的教学理论与实践知识。
Q10	参与在线学习可以解决我工作和学习的矛盾。
Q11	参与在线学习使我在职称评聘时更具有竞争力。
Q12	在线学习过程中，我的学习成果能够被展示，我感觉很高兴。
Q13	参加在线专业提升学习，我渴望获得好成绩，成为优秀学员，这也是自身能力的一种体现。
Q14	开始在线学习之前，我会反复阅读学习指导材料，明确学习平台操作、学习考核标准。
Q15	在线学习过程中，我利用表格、示意图、概念图以及思维导图等工具帮助自己理解所学的内容。
Q16	在线学习过程中，我愿意用学习平台提供的在线笔记功能做学习记录。
Q17	在线学习过程中，我感觉有用的教学理论、教学案例，尽管难理解我也会反复地观看加深理解。

续表

Q18	在线学习过程中，做阶段性测试题前，我会先看专家的视频讲解对知识进行巩固。
Q19	在线学习过程中，学到新的教学理论时，我会试图与已有的理论进行联系和对比。
Q20	即使辅导老师没有要求，我也会选择网络学习平台上提供的拓展资源和选修内容进行学习。
Q21	学习新的知识时，我经常会回放视频讲座，回顾一下前面学过的内容。
Q22	我尝试把在线学习过程中学到的教育教学理论应用到我的教学实践中，优化教学效果。
Q23	在线学习过程中，学习到的重要教育教学理论，我一般愿意用自己的话来表达，加深理解。
Q24	在线学习过程中，我会根据学习任务的特点制订具体的学习计划。
Q25	在线学习过程中，我能够自我监控学习进度（例如：及时发现自己的学习进展，学到哪了，还有哪些没学）。
Q26	在线学习过程中，我能够有意识地督促自己去学习。
Q27	在线学习过程中，我常常进行自我提问来帮助我理解学习内容。
Q28	在线学习过程中，我能够不断地评价自己的学习效果，保证自己向预定的目标前进。
Q29	在线学习过程中，我会时常反思自己的学习过程、学习方法并及时改进。
Q30	在线学习过程中，如果我制订了学习计划，我会按照制订好的学习计划进行学习。
Q31	在线学习过程中，我会设置短期和长期的学习目标。
Q32	在线学习时，我会把一个大问题分解成几个小问题去完成。
Q33	我能意识到自己在线学习过程中存在的问题并改进。
Q34	在线学习过程中，我会根据自己的学习情况及时调整学习内容与进度。
Q35	在线学习后，我会衡量自己是否完成了学习任务、达到了学习目标。
Q36	在线学习效果不理想时，我会主动分析原因并做出调整。
Q37	在线学习过程中，我能够选择适合自己的学习时间（利用工作空闲或者下班时间）。
Q38	在线学习过程中，遇到困难我会向同伴求助。
Q39	即使感觉网络学习平台提供的学习资源枯燥乏味，我也会坚持完成本次学习。
Q40	在线学习过程中，尽管我不喜欢专家讲座的内容，为了取得好成绩我也会努力学习。
Q41	我通常选择一个能够集中自己注意力的地方参与在线学习。
Q42	在线学习过程中，遇到很难理解的观点、概念时，我会向辅导教师寻求帮助。
Q43	在线学习遇到困难时，我知道向哪些学习同伴寻求帮助。

三 调查数据统计与分析

本书的研究采用现场发放的形式对J省C市的教师进行随机调查,现场发放问卷500份,共回收问卷489份,回收率为97.8%。对所回收的问卷进行筛选,删除填答不全以及所有选项相同的问卷,最后获得有效问卷424份。其中,参与有效调查的教师中,男教师119人,女教师305人。该研究对于获得的有效数据运用 IBM SPSS Statistics 20 软件进行统计分析,分析过程主要应用了项目分析、因素分析等统计分析方法,目的是对问卷进行信效度检验。

(一) 教师在线自我调节学习问卷的项目分析

项目分析主要目的是检验问卷中各题项的适切度。通过求出问卷中个别题项的决断值——CR值进行判断,CR值又称临界比,即将收集到的问卷数据按照总分高低进行排序,将排序后总分前27%及总分后27%的数据找出来,分别划分到高分组和低分组,然后求高分组和低分组每个题项平均差异的显著性,将达到显著性水平的题项予以保留,表示这个题项能鉴别不同被试的反应程度,否则删除此题项。

本书首先将编制的教师在线自我调节学习问卷43个题项按照Q1到Q43进行编号;然后将数据导入 Spss20 软件进行项目分析,初步检验问卷各题项的适切性。通过对问卷数据进行求和、排序后得到高分组的临界值为215,低分组的临界值为202;然后将数据条目中大于或者等于215的条目标记为高分组,小于或者等于202的条目标记为低分组;最后对高分组和低分组进行独立样本T检验操作,检验高分组和低分组中每个题项的差异。教师在自我调节学习问卷各题项独立样本T检验结果如表3-2所示。

表 3-2　教师在线自我调节学习问卷各题项独立样本 T 检验

		方差方程的 Levene 检验		均值方程的 t 检验						
		F	Sig.	t	df	Sig.（双侧）	均值差值	标准误差值	差分的95%置信区间 下限	差分的95%置信区间 上限
Q1	假设方差相等	191.291	0.000	7.370	301	0.000	0.854	0.116	0.626	1.082
	假设方差不相等			6.108	130.415	0.000	0.854	0.140	0.577	1.131
Q2	假设方差相等	152.273		9.118	301	0.000	1.003	0.110	0.786	1.219
	假设方差不相等			7.576	131.442	0.000	1.003	0.132	0.741	1.265
Q3	假设方差相等	151.230	0.000	8.358	301	0.000	0.940	0.112	0.718	1.161
	假设方差不相等			6.935	130.909	0.000	0.940	0.135	0.672	1.208
Q4	假设方差相等	162.312	0.000	5.616	301	0.000	0.705	0.125	0.458	0.952
	假设方差不相等			4.654	130.393	0.000	0.705	0.151	0.405	1.004
Q5	假设方差相等	174.409	0.000	6.276	301	0.000	0.776	0.124	0.533	1.020
	假设方差不相等			5.229	132.557	0.000	0.776	0.148	0.483	1.070
Q6	假设方差相等	134.343	0.000	8.642	301	0.000	0.974	0.113	0.752	1.196
	假设方差不相等			7.279	137.042	0.000	0.974	0.134	0.709	1.239
Q7	假设方差相等	161.551	0.000	9.272	301	0.000	1.035	0.112	0.815	1.255
	假设方差不相等			7.684	130.373	0.000	1.035	0.135	0.769	1.302
Q8	假设方差相等	102.870	0.000	13.935	301	0.000	1.482	0.106	1.273	1.692
	假设方差不相等			11.942	144.717	0.000	1.482	0.124	1.237	1.728

续表

		方差方程的 Levene 检验		均值方程的 t 检验					差分的 95% 置信区间	
		F	Sig.	t	df	Sig.（双侧）	均值差值	标准误差值	下限	上限
Q9	假设方差相等	81.639	0.000	12.672	301	0.000	1.258	0.099	1.062	1.453
	假设方差不相等			-0.700	138.074	0.000	1.258	0.118	1.025	1.490
Q10	假设方差相等	113.400	0.000	14.859	301	0.000	1.437	0.097	1.247	1.627
	假设方差不相等			12.741	145.014	0.000	1.437	0.113	1.214	1.660
Q11	假设方差相等	85.626	0.000	14.404	301	0.000	1.535	0.107	1.325	1.744
	假设方差不相等			12.814	164.009	0.000	1.535	0.120	1.298	1.771
Q12	假设方差相等	77.148	0.000	13.400	301	0.000	1.334	0.100	1.138	1.530
	假设方差不相等			11.604	149.757	0.000	1.334	0.115	1.107	1.561
Q13	假设方差相等	88.189	0.000	10.605	301	0.000	1.142	0.108	0.930	1.354
	假设方差不相等			8.828	132.199	0.000	1.142	0.129	0.886	1.398
Q14	假设方差相等	156.311	0.000	17.050	301	0.000	1.449	0.085	1.281	1.616
	假设方差不相等			14.358	136.942	0.000	1.449	0.101	1.249	1.648
Q15	假设方差相等	133.198	0.000	16.124	301	0.000	1.407	0.087	1.235	1.579
	假设方差不相等			13.743	142.231	0.000	1.407	0.102	1.205	1.609
Q16	假设方差相等	163.887	0.000	16.352	301	0.000	1.374	0.084	1.208	1.539
	假设方差不相等			13.910	141.351	0.000	1.374	0.099	1.178	1.569

续表

		方差方程的 Levene 检验		均值方程的 t 检验					差分的 95% 置信区间	
		F	Sig.	t	df	Sig.（双侧）	均值差值	标准误差值	下限	上限
Q17	假设方差相等	101.722	0.000	15.838	301	0.000	1.335	0.084	1.169	1.501
	假设方差不相等			13.550	143.966	0.000	1.335	0.099	1.141	1.530
Q18	假设方差相等	132.969	0.000	14.727	301	0.000	1.256	0.085	1.088	1.424
	假设方差不相等			12.554	142.291	0.000	1.256	0.100	1.058	1.454
Q19	假设方差相等	78.630	0.000	13.865	301	0.000	1.202	0.087	1.031	1.373
	假设方差不相等			11.757	139.941	0.000	1.202	0.102	1.000	1.404
Q20	假设方差相等	150.790	0.000	17.871	301	0.000	1.548	0.087	1.377	1.718
	假设方差不相等			15.150	139.800	0.000	1.548	0.102	1.346	1.750
Q21	假设方差相等	131.843	0.000	16.684	301	0.000	1.438	0.086	1.269	1.608
	假设方差不相等			14.355	146.629	0.000	1.438	0.100	1.240	1.636
Q22	假设方差相等	102.822	0.000	15.647	301	0.000	1.308	0.084	1.143	1.472
	假设方差不相等			13.177	136.963	0.000	1.308	0.099	1.111	1.504
Q23	假设方差相等	136.330	0.000	14.614	301	0.000	1.286	0.088	1.113	1.459
	假设方差不相等			12.203	133.416	0.000	1.286	0.105	1.078	1.494
Q24	假设方差相等	162.043	0.000	17.101	301	0.000	1.393	0.081	1.233	1.553
	假设方差不相等			14.424	137.625	0.000	1.393	0.097	1.202	1.584

续表

		方差方程的 Levene 检验		均值方程的 t 检验						
		F	Sig.	t	df	Sig.（双侧）	均值差值	标准误差值	差分的95%置信区间	
									下限	上限
Q25	假设方差相等	117.804	0.000	15.150	301	0.000	1.281	0.085	1.115	1.448
	假设方差不相等			12.702	135.082	0.000	1.281	0.101	1.082	1.481
Q26	假设方差相等	107.568	0.000	14.382	301	0.000	1.198	0.083	1.034	1.361
	假设方差不相等			12.086	136.024	0.000	1.198	0.099	1.002	1.393
Q27	假设方差相等	124.051	0.000	14.760	301	0.000	1.250	0.085	1.083	1.416
	假设方差不相等			12.364	134.709	0.000	1.250	0.101	1.050	1.450
Q28	假设方差相等	105.872	0.000	13.964	301	0.000	1.182	0.085	1.015	1.349
	假设方差不相等			11.797	138.320	0.000	1.182	0.100	0.984	1.380
Q29	假设方差相等	134.110	0.000	15.333	301	0.000	1.243	0.081	1.083	1.402
	假设方差不相等			12.873	135.671	0.000	1.243	0.097	1.052	1.434
Q30	假设方差相等	150.601	0.000	14.612	301	0.000	1.244	0.085	1.076	1.411
	假设方差不相等			12.191	133.068	0.000	1.244	0.102	1.042	1.445
Q31	假设方差相等	129.549	0.000	15.654	301	0.000	1.274	0.081	1.114	1.435
	假设方差不相等			13.266	139.672	0.000	1.274	0.096	1.084	1.464
Q32	假设方差相等	129.707	0.000	14.341	301	0.000	1.239	0.086	1.069	1.409
	假设方差不相等			11.998	134.189	0.000	1.239	0.103	1.035	1.443

续表

		方差方程的 Levene 检验		均值方程的 t 检验					差分的95%置信区间	
		F	Sig.	t	df	Sig.（双侧）	均值差值	标准误差值	下限	上限
Q33	假设方差相等	127.919	0.000	13.954	301	0.000	1.147	0.082	0.985	1.308
	假设方差不相等			11.670	134.027	0.000	1.147	0.098	0.952	1.341
Q34	假设方差相等	91.456	0.000	12.864	301	0.000	1.123	0.087	0.951	1.294
	假设方差不相等			10.744	133.487	0.000	1.123	0.104	0.916	1.329
Q35	假设方差相等	106.696	0.000	13.202	301	0.000	1.175	0.089	1.000	1.350
	假设方差不相等			11.003	132.656	0.000	1.175	0.107	0.964	1.386
Q36	假设方差相等	91.892	0.000	12.986	301	0.000	1.195	0.092	1.014	1.376
	假设方差不相等			10.815	132.356	0.000	1.195	0.111	0.977	1.414
Q37	假设方差相等	113.055	0.000	10.566	301	0.000	1.006	0.095	0.818	1.193
	假设方差不相等			8.785	131.693	0.000	1.006	0.114	0.779	1.232
Q38	假设方差相等	68.740	0.000	13.632	301	0.000	1.169	0.086	1.000	1.338
	假设方差不相等			11.484	137.095	0.000	1.169	0.102	0.968	1.370
Q39	假设方差相等	77.104	0.000	11.502	301	0.000	1.092	0.095	0.905	1.279
	假设方差不相等			9.716	138.255	0.000	1.092	0.112	0.870	1.314
Q40	假设方差相等	85.089	0.000	10.670	301	0.000	1.036	0.097	0.845	1.227
	假设方差不相等			9.007	137.952	0.000	1.036	0.115	0.808	1.263

续表

		方差方程的 Levene 检验		均值方程的 t 检验						
		F	Sig.	t	df	Sig.（双侧）	均值差值	标准误差值	差分的95%置信区间	
									下限	上限
Q41	假设方差相等	77.826	0.000	12.784	301	0.000	1.158	0.091	0.980	1.337
	假设方差不相等			10.677	133.493	0.000	1.158	0.108	0.944	1.373
Q42	假设方差相等	103.214	0.000	12.662	301	0.000	1.170	0.092	0.988	1.352
	假设方差不相等			10.654	136.586	0.000	1.170	0.110	0.953	1.387
Q43	假设方差相等	84.572	0.000	12.058	301	0.000	1.124	0.093	0.940	1.307
	假设方差不相等			10.082	133.982	0.000	1.124	0.111	0.903	1.344

依据吴明隆《SPSS 统计应用实务——问卷分析与应用统计》一书中的描述，在查阅报表时先观察每个题项组别总体方差相等的"F 检验"，如果 F 值显著（显著性一栏对应的值小于 0.05），表示原假设不成立，即代表两个组别总体方差不相等，再观察"假设方差不相等"栏的 t 值，如果显著（显著性一栏对应的值小于 0.05），则表明此题项具有鉴别度。如果"F 检验"不显著（显著性一栏对应的值大于 0.05），表示两个组别总体方差相等，则查表"假设方差相等"的 t 值，如果显著（显著性一栏对应的值小于 0.05），则表明此题项具有鉴别度。

通过对表 3-2 中的数据进行分析可见，教师在线自我调节学习问卷中各题项均具有良好的鉴别度，因此 43 个题项均保留。

（二）教师在线自我调节学习问卷因素分析

因素分析目的在于检验问卷的结构效度，主要指所编制的问卷能够测出理论特质或概念的程度。研究者一般将问卷题项进行项目分析之后，再对具有良好鉴别度的各题项进行因素分析，通过探索性因素分析检验测量工具的效度，如果抽取的共同因素与理论结构的心理特质很接近，则可以说此测量工具有较好的建构效度。此外，因素分析还具有简化因素结构的作用，通过较少的共同因素对变异量作最大的解释。在本书中，对教师在线自我调节学习问卷进行因素分析主要目的为：第一，检验问卷能测量的教师自我调节学习能力的基本构成要素，即问卷的构建效度。第二，对教师在线自我调节学习问卷的 43 个题项进行降维，简化问卷的结构。

已有研究表明在对测量工具进行因素分析时对样本的数量有所要求，通常情况下，样本数量理想状态应该是问卷题项的 5 倍，在本书中，项目分析之后，各题项均具有较好的鉴别度，因此无题项被删除，问卷题项总数为 43 个，故参与探索性因素分析的样本数量至少为 215 个较为理想，本书研究过程中，通过清洗过滤后的获得的样本数量为424，所以适合做因素分析。

本节通过对43个题项进行探索性因子分析，得到取样足够度的 Kaiser-Meyer-Olkin 度量系数（简称 KMO）为0.966，Bartlett 检验结果的显著性达到0.000，如表3-3所示。按照 Kaiser 的观点，KMO 值大于0.6才适合进行因素分析，KMO 值越大，因子的贡献值越高，KMO 值小于0.5，则不适合做因素分析。由表3-3可见，本书所获得的数据可以进行因素分析。

表3-3　教师在线自我调节学习问卷 KMO 和 Bartlett 检验结果

取样足够度的 Kaiser-Meyer-Olkin 度量		0.966
Bartlett 的球形度检验	近似卡方	20438.562
	df	903
	Sig.	0.000

在因素分析中采用主成分分析法提取公因子，配合最大方差法进行直交转轴，提取特征值选择大于1，并选取因子载荷量大于0.4的因子进行降维。因素分析抽取结果为5个成分，方差解释率为75.556%，如表3-4所示，探索性因素分析结果与理论所构建的维度基本吻合。可见，该问卷整体具有较好的建构效度。

表3-4　教师在线自我调节学习问卷因素分析解释总变异量

解释的总方差

成分	初始特征值			提取平方和载入			旋转平方和载入		
	合计	方差的%	累积%	合计	方差的%	累积%	合计	方差的%	累积%
1	23.541	54.746	54.746	23.541	54.746	54.746	10.283	23.915	23.915
2	4.746	11.038	65.784	4.746	11.038	65.784	6.613	15.380	39.295
3	1.671	3.886	69.670	1.671	3.886	69.670	6.006	13.967	53.262
4	1.473	3.425	73.095	1.473	3.425	73.095	4.848	11.274	64.536

续表

解释的总方差

成分	初始特征值			提取平方和载入			旋转平方和载入		
	合计	方差的%	累积%	合计	方差的%	累积%	合计	方差的%	累积%
5	1.058	2.461	75.556	1.058	2.461	75.556	4.739	11.020	75.556
6	0.764	1.777	77.333						
以下数据省略									
提取方法：主成分分析。									

通过对中小学教师在线自我调节学习问卷进行因素分析，转轴后的主成分矩阵共抽取了五个成分，各因子载荷量的具体数值如表3-5所示。分别为：

成分1：包含Q24，Q25，Q26，Q27，Q28，Q29，Q30，Q31，Q32，Q33，Q34，Q35，Q36，共13个题项。主要涉及对在线学习目标设定，学习过程的自我计划，自我监控、管理和调节，命名为在线学习元认知策略，得分越高，表明个体越能够对自己的学习进行很好的监控。

成分2：包含Q14，Q15，Q16，Q17，Q18，Q19，Q20，Q21，Q22，Q23，共10个题项。从内容上看，主要是对学习内容的复述、组织、精细加工，命名为在线学习认知策略，得分越高，表明个体越能够对在线学习内容进行深层次的加工。

成分3：由Q1，Q2，Q3，Q4，Q5，Q6，Q7，共7个题项组成。从内容上看，主要包括对在线学习平台的操作信心、在线学习交互的信心，故对此成分命名为在线学习自我效能，得分越高，表明个体在线学习自我效能越高。

成分4：包含Q37，Q38，Q39，Q40，Q41，Q42，Q43，共7个题项。从内容上看，主要是在线学习时间的安排，努力管理以及学习困难求助方面的内容，命名为在线学习资源管理策略，得分越高，表明个体学习资源管理能力越强。

成分5：包含 Q8，Q9，Q10，Q11，Q12，Q13，共6个题项。从内容上看，主要是在线学习动机相关内容，主要涉及在线学习内部动机、学习的外部动机等方面，命名为在线学习动机，得分越高，表明个体在线学习的动机越高。

表3-5　　　　教师在线自我调节学习问卷因素分析结果

旋转成分矩阵[a]

	成分				
	1	2	3	4	5
Q1			0.862		
Q2			0.875		
Q3			0.892		
Q4			0.861		
Q5			0.888		
Q6			0.826		
Q7			0.826		
Q8					0.714
Q9					0.710
Q10					0.716
Q11					0.679
Q12					0.702
Q13					0.615
Q14		0.583			
Q15		0.632			
Q16		0.697			
Q17		0.608			
Q18		0.660			
Q19		0.598			
Q20		0.711			
Q21		0.707			
Q22		0.594			
Q23		0.682			

续表

旋转成分矩阵α	成分				
	1	2	3	4	5
Q24	0.656	0.437			
Q25	0.660				
Q26	0.723				
Q27	0.768				
Q28	0.765				
Q29	0.717				
Q30	0.703				
Q31	0.713				
Q32	0.755				
Q33	0.756				
Q34	0.730				
Q35	0.738				
Q36	0.749				
Q37				0.708	
Q38				0.603	
Q39				0.751	
Q40				0.689	
Q41				0.625	
Q42				0.548	
Q43				0.561	

提取方法：主成分。

旋转法：具有 Kaiser 标准化的正交旋转法。

α：旋转在 7 次迭代后收敛。

（三）教师在线自我调节学习问卷信度分析

为了考察教师在线自我调节学习问卷各维度的内部一致性，本书采用 Cronbach's Alpha 系数作为该问卷的内部一致性指标，统计处理获得结果如表 3–6 所示。数据分析结果表明，问卷各维度内部一致性较好，Cronbach's Alpha 系数均在 0.9 以上，总问卷的 Cronbach's Alpha 系数更是达到了 0.977。因此，本书所设计的教师在线自我调节学习问卷信度较好，具有较好的稳定性和可靠性。

表3-6 教师在线自我调节学习问卷各维度的 Cronbach's Alpha 系数

维度	在线学习自我效能	在线学习动机	在线学习认知策略	在线学习元认知策略	在线学习资源管理策略	总问卷
Cronbach's Alpha	0.952	0.913	0.961	0.976	0.928	0.977

四 调查工具编制小结

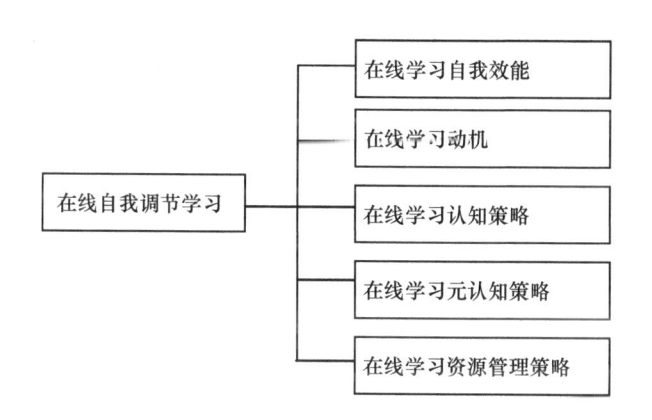

（一）教师在线自我调节学习问卷结构要素

对教师在线自我调节学习问卷进行探索性因素分析得出教师在线自我调节学习的结构要素，如图3-1所示。教师在线自我调节学习由在线学习自我效能、在线学习动机、在线学习认知策略、在线学习元认知策略、在线学习资源管理策略五个要素组成。各要素的具体内涵解释如下：

图3-1 教师在线自我调节学习问卷结构要素

1. 在线学习自我效能：指教师对在线学习平台的基本操作能力、使用学习平台提供的交流互动工具，使用社会软件与学习同伴或辅导教师进行交流互动能力的自我判断和估计。

2. 在线学习动机：指教师对在线学习的兴趣，在线学习过程中希望丰富自己教学理论与实践的内在学习动机，以及渴望在学习过程中得到表扬与肯定等外在学习动机的自我判断和估计。

3. 在线学习认知策略：指教师对在线学习过程中运用复述策略、精加工策略以及组织策略能力的自我判断和估计。

4. 在线学习元认知策略：指在线学习过程中，教师对学习的计划、监控、调节以及评估能力的自我判断和估计。

5. 在线学习资源管理策略：指在线学习过程中，教师对自己努力地控制程度、学习时间、地点的合理安排以及学习求助方面能力的自我判断和估计。

（二）教师在线自我调节学习问卷的各项测量学指标

项目分析结果显示，高分组和低分组调查对象在43个题项得分平均数独立样本 T 检验结果均达到显著水平，说明各题项的鉴别度相对较好。此外，本书采用内部一致性系数 Cronbach's α 进行量表信度检验，各结构维度要素的 Cronbach's α 系数均在0.9以上，表明教师在线自我调节学习问卷具有较好的稳定性。

综上所述，本书所编制的教师在线自我调节学习问卷具有良好的信度与效度，适合利用其对教师在线自我调节学习感知水平进行调查诊断。

第二节　教师在线自我调节学习现状调查

一　调查目的

本书调查主要利用上一节编制的信效度较好的教师在线自我调节学习问卷，并结合对部分教师进行访谈，了解教师在线自我调节学习的基本现状，明确教师在线自我调节学习水平及存在的问题。调查主要关注以下几个问题：

1. 目前教师在线自我调节学习能力的基本现状及各维度要素的基本特征。

2. 不同性别、不同地区、不同学段教师在线自我调节学习能力是否存在差异。

3. 教师学历、教龄与教师在线自我调节学习能力是否有相关性。

4. 深入分析教师在线自我调节学习存在的主要问题。

5. 探索提升教师在线自我调节学习能力的途径与方法，为干预框架以及干预策略的制定提供现实依据。

二　调查对象

为了了解教师在线自我调节学习的基本现状，本书利用所编制的教师在线自我调节学习问卷对 J 省 C 市的教师进行了大范围调查，调查对象为 C 市参与全员在线学习的一线教师，参与调查的教师在基于 Moodle 搭建的教师在线学习平台上完成所有在线学习任务后，完成本调查。一共有 8000 多位教师参与了调查。课题组采取随机抽样的方法从高中、初中、小学三个学段，每个学段抽取 500 位教师，共抽取 1500 位教师的填答数据。

首先对获得的 1500 条数据进行清洗，数据清洗按照以下原则进行：（1）删除 IP 地址相同的数据；（2）删除答题时间小于 3 分钟的数据；（3）删除题项填答不完整的数据；（4）删除题项答案完全相同的数据。最后获得总体有效数据共 1443 条，数据有效率为 96.2%。其中，小学教师有效数据为 498 条，初中教师有效数据为 496 条，高中教师有效数据为 449 条，参与调查的教师由于所教学段不同，共呈现 30 个学科。小学教师的所教学科有语文、数学、英语、思品、音乐、美术、综合实践、体育，初中教师所教学科有语文、数学、英语、物理、化学、生物、历史、政治、地理、信息技术、美术、音乐、体育，高中教师所教学科有数学、英语、物理、化学、生物、历史、政治、地理、信息技术、美术、音乐、体育、通用技术。由于所教学科的复杂性，在本书中不对学科划分进行统计分析。参与调查教师基本信息统计如表3－7所示。

表3－7　　　　　　　　参与调查教师基本信息统计

基本信息	特征	人数	百分比
性别	男	394	27.3%
	女	1049	72.7%
学历	专科	146	10.1%
	本科	1176	81.5%
	研究生	121	8.4%
所教学段	小学	498	34.5%
	初中	496	34.4%
	高中	449	31.1%
教龄	0—5年	140	9.7%
	6—10年	165	11.4%
	11—15年	117	8.1%
	15—20年	350	24.3%
	20—25年	472	32.7%
	25年以上	199	13.8%
学校性质	重点学校	366	25.4%
	一般学校	1077	74.6%
学校所在地	城市	415	28.8%
	县区	443	30.7%
	乡镇	424	29.4%
	农村	161	11.2%

三　调查数据分析

本书运用 IBM SPSS Statistics 20 软件对获得的数据分别采用描述性统计分析、独立样本 T 检验、单因素方差分析、相关分析等方法对教师在线自我调节学习调查数据进行分析。

（一）教师在线自我调节学习总体水平及各维度要素描述性统计分析

为了更好地了解教师在线自我调节学习总体感知水平及其各维度要素水平，并有针对性地对各维度要素进行精准细致的分析，本书对教师在线自我调节学习总体水平及其五个维度进行描述性统计分析，通过各维度题项得分的均值和标准差来呈现教师在线自我调节学习的感知水平，如表 3-8 所示。

表 3-8　教师在线自我调节学习总体水平及各维度要素描述性统分析

	N	M	SD	Range
在线自我调节学习	1443	4.34	0.63	1.00—7.00
在线学习自我效能	1443	4.02	0.87	1.00—7.00
在线学习动机	1443	4.73	1.40	1.00—7.00
在线学习认知策略	1443	4.68	1.04	1.00—7.00
在线学习元认知策略	1443	4.11	0.63	1.00—7.00
在线学习资源管理策略	1443	4.28	0.68	1.00—7.00

表 3-8 呈现了描述性统计分析的结果，通过对 1443 条数据分析，从教师在线自我调节学习问卷 43 个题项，获得的在线自我调节学习均值 M=4.34（1≤M≤7）。可见，教师在线自我调节学习能力总体感知处于中等水平。五个分维度要素中，在线学习自我效能、在线学习元认知策略、在线学习资源管理策略三个维度上教师个人感知水平相对较低。其中，在线学习自我效能维度个人感知水

平最低，均值 M = 4.02（1≤M≤7），其次是在线学习元认知策略，均值 M = 4.11（1≤M≤7），在线学习资源管理策略，均值 M = 4.28（1≤M≤7）。而在线学习认知策略，教师个人感知水平均值 M = 4.68（1≤M≤7）。在线学习动机维度，教师个人感知均值为 M = 4.73。总体来说，教师在线自我调节学习的个人感知处于中等水平。

（二）教师在线自我调节学习问卷各题项描述性统计分析

为了更具体地从微观视角分析目前中小学教师在线自我调节学习的特点，在进行各维度的描述性统计分析之后，本书对问卷中各维度要素所涵盖的题项分别进行了描述性统计分析，如表3-9所示。43个题项得分均值介于3.88—4.97。本书根据各题项的得分情况，以0.36分为间距将43个题项分为低、中、高三组。

表3-9　教师在线自我调节学习问卷各题项描述性统计分析

题项	平均值	标准差
Q1	3.91	1.076
Q2	3.95	1.030
Q3	4.00	1.018
Q4	4.05	1.090
Q5	4.27	1.047
Q6	3.98	1.007
Q7	3.96	0.986
Q8	4.66	1.634
Q9	4.97	1.426
Q10	4.71	1.552
Q11	4.61	1.776
Q12	4.70	1.523
Q13	4.74	1.454
Q14	4.72	1.156

续表

题项	平均值	标准差
Q15	4.46	1.286
Q16	4.49	1.275
Q17	4.73	1.142
Q18	4.78	1.111
Q19	4.77	1.124
Q20	4.58	1.240
Q21	4.65	1.175
Q22	4.83	1.098
Q23	4.79	1.102
Q24	3.88	0.773
Q25	4.12	0.770
Q26	4.19	0.809
Q27	4.03	0.802
Q28	4.12	0.797
Q29	4.18	0.828
Q30	4.08	0.802
Q31	4.03	0.790
Q32	4.09	0.794
Q33	4.18	0.806
Q34	4.19	0.799
Q35	4.24	0.773
Q36	4.17	0.799
Q37	4.25	0.898
Q38	4.32	0.825
Q39	4.30	0.851
Q40	4.34	0.851
Q41	4.30	0.866
Q42	4.32	0.851
Q43	4.13	0.850

其中，低分组平均值在 3.88 到 4.24 区间，包含 Q1、Q2、Q3、Q4、Q6、Q7、Q24、Q25、Q26、Q27、Q28、Q29、Q30、Q31、Q32、Q33、Q34、Q35、Q36、Q43，共 20 个题项。通过对以上 20 个题项内容分析发现：Q1、Q2、Q3、Q4、Q6、Q7 属于在线学习自我效能维度的题项，这些题项主要涉及教师对在线学习平台操作能力的个人感知以及利用在线学习平台讨论区与他人交互能力的自我感知；Q24、Q25、Q26、Q27、Q28、Q29、Q30、Q31、Q32、Q33、Q34、Q35、Q36 属于在线学习元认知策略维度的题项。这些题项具体涉及教师对在线学习任务的分解、在线学习目标的设定、在线学习过程的监控以及对学习结果的分析与评价等方面的个人感知；Q43 反映的是在线学习资源管理策略方面的在线求助。可见，教师在以上几方面的在线自我调节学习感知水平普遍较低。总体来说，在中小学教师在线学习的具体实践中要特别关注对教师在线学习计划制订、学习过程监控、学习求助以及学习结果分析与评价方面的干预设计，通过有针对性地采取干预措施，使教师在这些方面的在线自我调节学习水平得到较大幅度提升。

中分组平均值在 4.25 到 4.60 区间，包含 Q5、Q15、Q16、Q20、Q37、Q38、Q39、Q40、Q41、Q42，共 10 个题项。通过对以上 10 个题项内容分析发现：Q5 属于在线学习自我效能维度的题项，主要反映在线学习自我效能维度方面使用 QQ、微信等社交软件与他人交流沟通的信心；Q15、Q16、Q20 属于在线学习认知策略维度的题项，主要体现教师运用思维导图、概念图等软件以及运用在线学习平台的电子笔记功能帮助自己对学习内容进行组织理解的自我感知，还包括对拓展学习资源进行延伸学习的自我感知；Q37、Q38、Q39、Q40、Q41、Q42 属于在线学习资源管理策略维度的题项，以上题项主要反映教师在线学习过程中对时间管理以及向辅导老师求助方面的个人感知。可见，教师在以上几个方面的个人自我感知处于中等程度，仍然具有一定的提升空间。

高分组平均值在 4.61 到 4.97 区间，包含 Q8、Q9、Q10、Q11、Q12、Q13、Q14、Q17、Q18、Q19、Q21、Q22、Q23，共 13 个题项。Q8、Q9、Q10、Q11、Q12、Q13 属于在线学习动机维度的题项，这些题项主要反映教师在线学习内部动机以及外部动机；Q14、Q17、Q18、Q19、Q21、Q22、Q23 属于在线学习认知策略维度的题项，以上题项主要反映教师对在线学习内容进行理解和认知所采用的复述学习策略、精加工学习策略等方面内容，即教师在以上几个方面的个人感知整体处于中等偏上水平。

通过对题项的具体分析之后，课题组对部分中小学教师进行了访谈，在访谈过程中发现教师大多表示由于在线学习平台不同，在不同的在线学习过程中常常要花时间去熟悉平台的基本操作功能，有些时候由于学习准备不足，在学习后期才了解到学习平台还有很多好用的功能；同时，参与访谈的教师表示在线学习过程中很少制订明确的学习计划，学习较为被动。一般按照要求学习固定的学习内容，学习的随机性比较强，想起来就去学习平台学一会儿。在学习快要结束时，往往是学习最紧张的时候，常常会突击学习，由于学习的时间短，任务多，很多学习内容很难在短时间进行深入理解；在学习过程中对自己学习的监控较少，很少了解自己的具体学习进程，也很难了解学习同伴的学习进展。在学习过程中主要是去完成学习任务，很少反思自己的学习过程；由于大家在一个虚拟班级中，互相不熟悉，难以像面授学习一样互相之间能够面对面交流进行沟通了解，在遇到具体问题时除辅导教师之外，很多时候不知道向谁寻求帮助；此外，接受访谈的教师表示由于 QQ、微信等社交软件经常使用，对于用这些社交软件进行交流互动感觉很方便，相对而言，比在线学习平台的讨论区提出问题也更容易快速得到反馈，他们更愿意利用这些社交软件与辅导老师以及学习同伴进行交流。这些访谈结果与问卷的数据分析结果基本一致，进一步印证了数据分析结果。

(三) 不同性别、地区、学段教师在线自我调节学习水平差异分析

为了进一步了解不同性别、不同地区教师在线自我调节学习能力是否有差别，本书分别从以下几个方面对教师在线自我调节学习能力进行差异分析。

1. 教师在线自我调节学习水平性别差异分析

为了更深入了解教师在线自我调节学习水平在性别方面的差异，本书将样本数据按照性别进行分组，在分析数据赋值中，1代表性别男，2代表性别女，并进一步采用独立样本T检验的统计方法来分析不同性别的教师在线自我调节学习各维度要素水平的差异。如表3-10所示。

表3-10　　教师在线自我调节学习水平性别差异分析

维度	性别	N	均值	标准差	T	P
在线自我调节学习	1	394	4.35	0.63380	0.338	0.735
	2	1049	4.34	0.62848	0.337	0.736
在线学习自我效能	1	394	4.02	0.89231	0.048	0.962
	2	1049	4.01	0.85632	0.047	0.963
在线学习动机	1	394	4.76	1.40436	0.495	0.620
	2	1049	4.72	1.40956	0.496	0.620
在线学习认知策略	1	394	4.66	1.01904	-0.282	0.778
	2	1049	4.68	1.04436	-0.285	0.775
在线学习元认知策略	1	394	4.16	0.65172	1.771	0.077
	2	1049	4.10	0.62618	1.739	0.082
在线学习资源管理策略	1	394	4.24	0.68175	-1.482	0.139
	2	1049	4.30	0.67822	-1.478	0.140

注：*$p<0.05$；**$p<0.01$；***$p<0.001$。

表3-10呈现的数据表明，教师在线自我调节学习在性别方面无显著差异，各维度P值均大于0.05，也就是说男教师与女教师在

线自我调节学习能力总体方面没有显著差异，同时在五个分维度方面均未表现出显著差异。

2. 教师在线自我调节学习水平地区性差异分析

为了考察不同地区教师在线自我调节学习水平及各维度方面是否存在显著差异，根据所调查教师所在学校地点的不同，将学校所在地区为城市和县区的教师划分到城市一组，将学校所在地为乡镇和农村的教师划分到村镇一组。将按照地区进行分组后的样本数据采用独立样本 T 检验的统计方法，分析不同地区教师在线自我调节学习水平的差异性，如表 3-11 所示。

表 3-11　　教师在线自我调节学习水平地区性差异分析

维度	地区	N	均值	标准差	T	P
在线自我调节学习	城市	858	4.3558	0.61410	0.999	0.318
	村镇	585	4.3221	0.65201	0.988	0.324
在线学习自我效能	城市	858	4.1235	0.86732	5.804	0.000
	村镇	585	3.8570	0.83994	5.840	0.000
在线学习动机	城市	858	4.7122	1.41790	-0.606	0.545
	村镇	585	4.7579	1.39356	-0.608	0.544
在线学习认知策略	城市	858	4.6946	1.04728	0.657	0.512
	村镇	585	4.6581	1.02271	0.660	0.510
在线学习元认知策略	城市	858	4.0959	0.62613	-1.276	0.202
	村镇	585	4.1392	0.64436	-1.269	0.205
在线学习资源管理策略	城市	858	4.2823	0.66801	0.192	0.848
	村镇	585	4.2753	0.69648	0.190	0.849

注：$^*p<0.05$；$^{**}p<0.01$；$^{***}p<0.001$。

表 3-11 呈现的数据分析结果表明，城市与村镇教师在线自我调节学习没有显著差异，显著水平 P 值大于 0.05，也就是说城市教师与村镇教师的在线自我调节学习水平总体方面没有区别。在线自我调节学习五个维度要素中，在线学习自我效能方面，城市教师与

村镇教师呈现显著差异，显著水平 P 值小于 0.05，城市教师在线学习自我效能均值（4.12）显著高于村镇教师在线学习自我效能均值（3.86），而在线学习动机、在线学习认知策略、在线元认知学习策略、在线学习资源管理策略方面均未呈现显著差异。

3. 不同学段教师在线自我调节学习水平差异分析

本书所调查教师来自小学、初中、高中三个学段，为了解不同学段教师在线自我调节学习水平是否有显著差异，本书将学段与教师在线自我调节学习水平作了单因素方差分析，分析结果如表 3-12 所示。

表 3-12　　　不同学段教师在线自我调节学习水平差异分析

维度	(1)小学教师 (N=498) (M, S.D.)	(2)初中教师 (N=496) (M, S.D.)	(3)高中教师 (N=449) (M, S.D.)	F(ANOVA)	Scheffe Test
在线自我调节学习	(4.31, 0.612)	(4.31, 0.608)	(4.41, 0.666)	4.328*	(3)>(1) (3)>(2)
在线学习自我效能	(3.93, 0.859)	(4.00, 0.801)	(4.13, 0.930)	6.498*	(3)>(1)
在线学习动机	(4.62, 1.308)	(4.71, 1.390)	(4.87, 1.520)	3.917*	(3)>(1)
在线学习认知策略	(4.64, 0.991)	(4.63, 1.020)	(4.67, 1.037)	3.487	
在线学习元认知策略	(4.12, 0.629)	(4.09, 0.576)	(4.13, 0.698)	0.603	
在线学习资源管理策略	(4.32, 0.663)	(4.23, 0.644)	(4.30, 0.732)	2.392	

注：*p<0.05；**p<0.01；***p<0.001。

表 3-12 呈现的单因素方差数据分析结果显示：高中教师在线自我调节学习总体感知水平高于初中教师和小学教师，(3)>(1) 且 (3)>(2)，初中教师和小学教师在线自我调节学习整体感知水平无显著差异；在线学习自我效能，高中教师个体感知平均水平要高于小学教师，(3)>(1)，高中教师与初中教师个体感知平均水平无显著差异；在线学习动机，高中教师的个体感知平均水平要高于小学教师，(3)>(1)，高中教师与初中教师在线学习动机无显

著差异；在线学习策略，小学教师、初中教师以及高中教师的在线学习认知策略、在线学习元认知策略以及在线学习资源管理策略三个维度均无显著差异。

（四）学历、教龄与教师在线自我调节学习水平相关分析

1. 学历与教师在线自我调节学习水平相关分析

参与调查的教师学历主要包括专科、本科、硕士研究生，仅一位教师为博士研究生，为便于分析将其归属到硕士研究生学历中，为了了解教师的学历与教师在线自我调节学习能力是否有相关性，本书对教师学历与教师在线自我调节学习水平进行了相关分析。分析结果如表3-13所示。

表3-13　　　学历与教师在线自我调节学习水平相关分析

	在线自我调节学习	在线学习自我效能	在线学习动机	在线学习认知策略	在线学习元认知策略	在线学习资源管理策略
学历	0.007	0.129**	0.016	0.005	0.044	0.030

注：* $p<0.05$；** $p<0.01$；*** $p<0.001$。

表3-13呈现的数据表明，学历与教师在线自我调节学习水平无显著正相关，学历与在线学习自我效能呈现显著正相关，相关系数为0.129，P值小于0.05。与在线自我调节学习其他四个维度要素均没有显著相关性，P值均大于0.05。依据表3-13的数据可以发现，随着学历的提升，教师在线学习自我效能感有所增强。

2. 教龄与教师在线自我调节学习水平相关分析

本书将所调查的教师教龄按5年为一个区间段，分为0—5年、6—10年、11—15年、16—20年、20—25年以及25年以上，共六个不同时间段。按照教师填答结果将其分别转化为虚拟的连续变量，对应的数字分别为1、2、3、4、5、6。为了了解教龄与教师在线自我调节学习水平是否有相关性，本书将教龄与教师在线自我调

节学习水平数据进行了相关分析，分析结果如表 3-14 所示。

表 3-14　　教龄与教师在线自我调节学习水平相关分析

	在线自我调节学习	在线学习自我效能	在线学习动机	在线学习认知策略	在线学习元认知策略	在线学习资源管理策略
教龄	-0.006	-0.126**	0.044	0.001	0.015	0.019

注：*p<0.05；**p<0.01；***p<0.001。

表 3-14 呈现的数据表明，教龄与教师在线自我调节学习无显著相关，但是教龄与在线学习自我效能呈现显著负相关，相关系数为 -0.126，显著水平 P 值小于 0.05，而教龄与在线学习动机、在线学习认知策略、在线学习元认知策略以及在线学习资源管理策略均无显著相关。

四　调查结论与启示

（一）教师在线自我调节学习现状调查结论

通过对调查数据进行描述性统计分析、独立样本 T 检验、单因素方差分析、相关分析，可以得出如下结论：

1. 教师在线自我调节学习能力总体处于中等水平，教师在线自我调节学习各维度要素水平表现不均衡。教师对在线自我调节学习各维度要素具体感知水平得分由低到高分别为：在线学习自我效能（M=4.02）＜在线学习元认知策略（M=4.11）＜在线学习资源管理策略（M=4.28）＜在线学习认知策略（M=4.68）＜在线学习动机（M=4.73）。

2. 教师在线自我调节学习及各维度要素在性别方面无显著差异。教师在线自我调节学习总体感知水平与学校所在地区无显著差异，在线自我调节学习五个维度要素中，在线学习自我效能维度方面，城市教师与村镇教师呈现显著差异，表现在城市教师在线学习自我效能明显高于农村教师，其他维度方面均未呈现显著差异。

3. 高中教师在线自我调节学习总体感知水平高于初中教师和小学教师，初中教师和小学教师在线自我调节学习整体感知水平无显著差异；在线学习自我效能维度，高中教师个体感知水平高于小学教师，高中教师与初中教师在线学习自我效能感知水平无显著差异；在线学习动机维度，高中教师个体感知水平高于小学教师，高中教师与初中教师在线学习动机感知水平无显著差异；在学习策略方面，小学教师、初中教师以及高中教师在线学习认知策略、在线学习元认知策略以及在线学习资源管理策略三个维度均无显著差异。针对以上结论，我们对部分教师进行访谈，访谈结果发现，相对而言，高中教师和初中教师更愿意参加在线学习环境下的专业提升学习。其中非常重要的一个原因是初、高中学段的教师要比小学教师工作任务繁重，他们更希望在不影响工作的情况下，合理安排时间进行专业提升学习。

4. 学历与教师在线自我调节学习总体水平无显著正相关，学历与教师在线学习自我效能呈现显著正相关，与在线自我调节学习其他四个维度要素均未呈现显著相关性。进一步分析发现，年轻的教师学历相对较高，信息技术以及网络操作能力相对来说都更熟练，这在一定程度上可以解释本结论。

5. 教龄与教师在线自我调节学习总体感知水平无显著相关，但是教龄与教师在线学习自我效能感呈现显著负相关，教龄与在线学习动机、在线学习认知策略、在线学习元认知策略以及在线学习资源管理策略均未呈现显著相关。分析发现，教龄较长的教师年龄相对较大，与年轻教师相比网络操作能力相对弱，此结论和结论四可以互相印证。

（二）教师在线自我调节学习调查启示

调查结果显示，教师在线自我调节学习整体处于中等水平，各维度要素感知水平表现出不均衡，均有较大的提升空间。小学教师在线学习自我效能低于高中教师，村镇教师在线学习自我效能要明显低于城市教师。因此，在后续干预策略制定过程中，要重点关注教师在线自我调节学习的薄弱维度，同时给予村镇教师及小学教师更多的支持与干预，帮助其提升在线自我调节学习能力。

1. 为教师营造良好的在线学习体验

调查与访谈结果显示，教师在线学习自我效能相对较低，更多地表现在对在线学习平台操作有畏难情绪，在线学习流程不明确，在线学习交流不顺畅等方面。因此，在教师在线学习实践中，通过在恰当的时间点，有针对性地为教师推荐学习资源、学习榜样，提供学习提示，以及积极的学习反馈等干预策略，增强教师对在线学习平台操作的信心，消除中部分教师对技术使用的恐惧感，提升教师在线学习的自信心。

2. 指导教师合理制订学习计划

调查与访谈结果显示，教师参与在线学习过程中，较少对自己的学习进行计划，学习较为被动，随机性强，拖延现象严重。因此，在具体在线学习实践中，可以通过提供在线学习评价标准，学习任务分解提示以及学习行为的及时反馈等干预策略，鼓励教师制订适合自己的学习计划，引导其按照计划有条不紊地进行学习。

3. 帮助教师监控自己学习过程

调查与访谈结果显示，教师参与在线学习过程中，大多不了解自己的具体学习进程，也看不到学习同伴的学习进展，不明确在哪些学习环节出现了问题，学习随机性大。因此，在教师在线学习实践中，可以通过及时为教师提供可视化学习进度条，学习进展、学习评价反馈等干预策略，帮助教师及时掌握自己的学习状态，并通过提供同伴学习进展以及榜样学习进展，促使其进行观察对比，反思自己学习行为，对学习行为进行恰当调整。

4. 引导教师对自己学习进行评价与反思

调查与访谈结果显示，教师在学习过程中，主要通过辅导教师对自己的学习进行评价来了解自己的学习效果，很少对学习效果进行自我评价和反思。因此，在教师在线学习实践中，可以通过引导教师阶段性地评价和反思自己的学习，以及提供及时的学习评价反馈等干预策略，使教师不断地调整自己的学习进程，向既定学习目标前进。

5. 给予村镇教师及教龄较长教师更多的学习干预与指导

调查数据分析结果显示，村镇教师与城市教师在线学习自我效能感方面呈现显著差异。通过对部分村镇教师访谈了解到，村镇教师所处学校环境相对闭塞，学校电脑设备一般没有城市充足，有的学校几位教师共用一台电脑，电脑操作能力普遍相对较低，在一定程度上导致他们参与在线学习信心不足，在线学习自我效能相对较低。因此，在学习过程中，可以根据村镇教师的特点，为之提供及时有效的指导与帮助、多给予鼓励与肯定的学习评价反馈，逐渐地提升他们在线学习自我效能感，提升在线自我调节学习能力。同时，对教龄较长的教师要给予一定的关注，及时为其提供干预指导，帮助他们克服由于技术操作不熟练带来的学习困难，并充分发挥年长教师教学实践知识丰富的特点，促进其与学习同伴沟通交流，实现优势互补，共同提高。

第四章

教师在线自我调节学习精准干预设计

本章以上一章的调查结果为现实依据，在对学习干预作出适合本书的概念界定后，重点从学习分析的视角，在对教师在线学习多维数据分析的基础上，开展教师在线自我调节学习干预设计研究，主要包括干预框架构建和干预过程设计。

在以往的传统教学研究中，学习干预一直被认为是一个约定俗成的概念，并没有专门的定义，一般被认为是对学习者学习产生影响的各种介入手段、方法和策略。在不同研究中，称谓也不尽一致，除学习干预外，教学干预、教育干预、学习系统干预等也是相关研究中比较常见的名词，有时候将之简称为干预。

杜红梅、冯维在其研究中，指出教育干预是在教育学、心理学等相关理论指导下，采取一系列有计划、有步骤的行为，对儿童个体及群体的问题行为进行策略性影响，使儿童的欺负行为发生指向性目标变化，强调从儿童问题行为矫治的视角来对教育干预进行界定。[1]

张文兰、刘俊生基于设计研究的视角界定教育干预是为了优化教学和促进学习而设计开发的环境、课程、工具、模式等人造物理系统，指出实体层面的硬干预和方法层面的软干预是教育干预的两

---

[1] 杜红梅、冯维：《移情与后果认知训练对儿童欺负行为影响的实验研究》，《心理发展与教育》2005年第2期。

种形式。①

李银铃在其博士论文中从生态学、系统论以及管理学的视角对干预进行了深入分析，认为在教师远程培训中的学习干预应该从系统的角度出发，在系统方法论指导下，运用系统思维思考系统中的干预问题。②

张超在关于教师远程培训的学习干预研究中，将学习干预作为一种系统隐喻，认为学习干预是学习服务提供者为改善学习者学习绩效和解决学习问题而针对学习者采取的各种间接的介入性策略与行为总和。③

陈珊在其研究中将学习干预引入到学习者的问题解决学习之中，通过恰当的干预策略来解决和改善学习者问题解决过程中遇到的问题和困境，实现学习者学习能力的提升。④

刘红霞在其博士论文中将教育干预界定为在学习过程中对学习者个体及群体的问题行为进行有计划、有步骤的设计并施加一种无缝融合于学习活动的规范性、策略性、非强制性的系列引导，目的是使学习者产生指向预期目标的行为倾向。⑤

唐丽等在智慧学习环境下的干预机制研究中，认为在远程网络学习环境中，教学干预是为改善学习者的学习绩效和帮助学习者解决问题，而采取间接介入性策略和行为的总和，最终目的是帮助学

---

① 张文兰、刘俊生：《基于设计的研究——教育技术学研究的一种新范式》，《电化教育研究》2007年第10期。

② 李银铃：《教师远程培训中在线干预设计——环境适应的视角》，博士学位论文，华东师范大学，2008年，第32—40页。

③ 张超：《教师远程培训的学习干预研究》，博士学位论文，华东师范大学，2010年，第67—78页。

④ 陈珊：《促进问题解决的学习干预设计与应用研究》，硕士学位论文，华东师范大学，2013年，第75—80页。

⑤ 刘红霞：《信息技术环境下大学生学业自我效能干预研究》，博士学位论文，东北师范大学，2015年，第56—67页。

习者发展特定的知识、技能与态度。①

在充分借鉴已有研究成果的基础上，本书将学习干预作如下概念界定：即在相关教学理论与学习理论的指导下，针对在线学习环境，在学习过程中通过周期性地综合分析学习者的相关数据，对学习者个体及群体自我调节学习问题行为，有目的、有计划、有步骤地设计和施加融入学习活动中非强制性、策略性的一系列引导，目的在于唤醒和提升学习者在线自我调节学习能力，提高学习效果。

第一节 教师在线自我调节学习干预框架构建

学习分析是测量、收集、分析和报告有关学习者及其学习情境的数据，用以理解和优化学习及学习发生的情境。其中，数据是学习分析的基础，只有获取教育领域存储和记录的相关学习数据才能充分挖掘数据所表征的信息，为有效地教与学提供可靠依据和参考。教师在线自我调节学习依托在线学习平台开展，在学习过程中，学习平台存储丰富的学习相关数据。辅导教师、管理者以及研究人员利用学习平台的日志功能可以及时获取教师在学习平台上留下的学习行为数据，包括学习者登录学习平台的时间、登录学习平台的次数、学习资源的浏览次数、学习作业提交情况、参与讨论、参与测试等一系列不同粒度的学习行为数据。学习数据的丰富性及可获得性使得本书可以对数据进行充分地分析、挖掘，进而了解教师在线自我调节学习状态、存在的问题，对未来学习结果进行预测，最终使辅导教师不再只凭借经验或直觉对教师在线自我调节学习实施干预，可以更有针对性、有效地帮助教师规避学习失败的风

---

① 唐丽、王运武、陈琳:《智慧学习环境下基于学习分析的干预机制研究》,《电化教育研究》2016年第2期。

险，促进在线学习绩效提升。

学习分析模型是学习分析的可操作性指导方法，对学习分析的具体实施具有重要作用，学习分析模型有助于使研究者明确学习分析的基本流程以及学习分析的具体目标。本书在第二章第三节概括了国内外研究者提出的学习分析模型，重点描述了乔治·西门斯提出的学习分析过程模型、伊莱亚斯提出的持续改进模型以及德国亚森工业大学的四维度参考模型。

其中，乔治·西门斯的学习分析过程模型明确了学习分析数据来源、数据种类、数据分析方法及学习分析的应用，系统地展现了学习分析的具体流程。乔治·西门斯认为可以对学习者两方面的数据进行分析。一方面为学习者在手机、平板电脑等移动终端，社会性软件，个人学习环境以及学习管理系统中留下的数据，通过对这些数据的分析可以了解学习者的学习行为及学习特点，对学习者的学习进行推断和预测。另一方面是学习者的智能数据，例如学习者的课程数据，学习成绩数据，学习者的已有知识水平、学习能力等方面的数据。研究者或者辅导教师根据自身科研及教学的需要，通过对学习者两方面来源的数据进行分析并可视化呈现，可了解学习者在学习过程中可能存在的潜在困难，进而为学习者提供及时、有效的指导与干预，使其对学习进行适当调整，实现学习绩效的提升。同时，乔治·西门斯学习分析过程模型特别强调在对学习者进行指导和干预的过程中，并非要完全依赖计算机，指出学习者的学习与社会发展有关，教与学很多时候会体现出交互性和不确定性，单纯的机器学习模型难以捕捉这些不确定性，认为针对数据分析结果进行人为干预非常重要，而且大部分情况下需要结合社会学和教育学方面的知识，为学习者提供全面、系统、多方位的指导与干预。

伊莱亚斯的持续改进模型强调学习分析过程的循环，指出在学习分析过程中，首先获取数据，其次依据分析的目标对获取的数据进行选择并进行结构化处理，再次将结构化的数据进行聚合分析及结果预测，最后利用数据分析结果优化和改善学习者的学习。到此，虽然完成了一个学习分析循环，但是学习分析并没有结束，得到改善的学习者学习数据会被再次收集和分析，进入新一轮的学习分析过程，如此循环进行，不断地对学习者的学习过程进行改善和优化。

Chatti M. A. 等人提出学习分析四维度参考模型，指出学习分析由四个维度构成，分别是数据与环境、受益者、目标以及方法。其中，数据与环境主要是指数据的来源，一般指采集、管理以及使用诸如 Blackboard、Moodle 等学习管理系统中，学习者学习活动的日志数据、文本数据以及学习交互数据等；受益者主要是指学习分析的受益者，Chatti M. A. 等人认为学习分析受益者可以是学习者、教师、辅导教师、组织机构、研究者以及学习系统或者教学系统的设计师。明确对于学习者来说，主要通过学习分析改善学习行为，提高学习绩效。而教师及辅导教师则关注如何通过学习分析有效地开展教学，满足学习者的个性化需求。在受益者维度，Chatti M. A. 等人特别强调要尊重学习者学习数据的隐私、伦理与道德，防止数据的滥用；目标主要是指学习分析的目标，Chatti M. A. 等人指出学习分析的目标主要包括监控、分析、预测、干预、指导、评估、反馈、自适应、推荐以及反思。其中，监控主要包括对学习者学习活动的跟踪以及教师为了不断改善学习环境对学习者学习过程的监控与评价。预测与干预主要是指通过对学习者当前的学习状态，预测学习者的学习知识水平以及未来的学习成绩，并有针对性地为学习者提供学习活动、学习资源等学习干预，帮助学习者改善学习绩效。评估和反馈主要是指通过教师或者学习管理系统对学习者学习行为进行反馈，帮助学习者对自己的学习过程进行自我评价。个性化和推荐主要通过对数据的分析，为学习者有针对性地推荐学习资源、学习活动以及学习伙伴，增强学习者自主学习能力。反思是指学习者通过对比自己以及他人的学习分析数据,反思自己的学习过程找到自己学习存在的问题;方法是用于挖掘隐藏在教育数据背后信息的方法,诸如统计分析、可视化、数据挖掘以及社会网络分析等。四维度参考模型比较突出的特点是强调要尊重学习者学习数据的隐私、伦理与道德,防止数据的滥用。同时,细化了学习分析的具体目标。以上观点对于本书划分干预对象以及设计具体干预策略均具有较好的指导意义。

社会认知理论奠基人阿尔伯特·班杜拉认为在社会情境中人的大多数行为都是通过示范和观察学会的,人的行为是环境、个体特征、行为相互影响的结果,这三者之间相互作用,任何单一因素都不足以决定人的行为。个人的行为既受个体遗传因素、心理特征（特别是认知活动）的制约,又受到环境（包括物理环境与社会环境）的影响。同时,个体也会根据行为所产生的后果来调整后续行为,这就是社会认知理论的三元交互作用观点。齐莫尔曼·巴里教授在吸收和借鉴班杜拉个人、行为、环境三元交互思想的基础上,提出了自我调节学习模型,如图4-1所示。

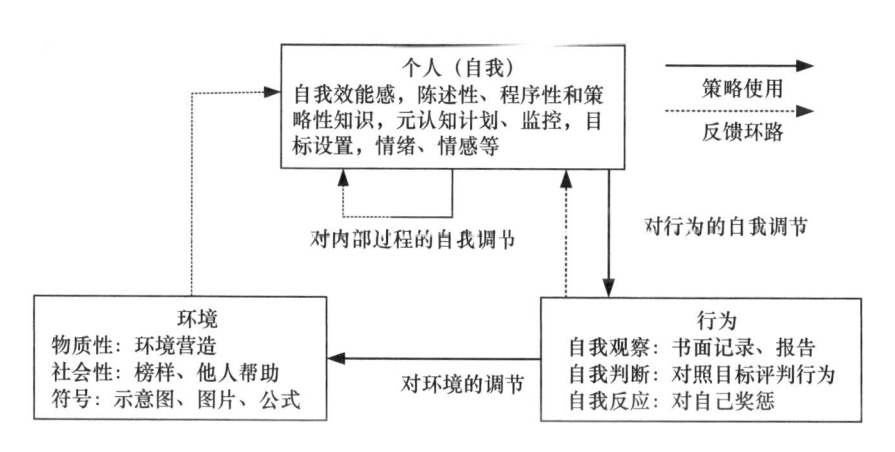

图4-1 齐莫尔曼·巴里自我调节学习模型

齐莫尔曼·巴里认为,自我调节学习也要涉及个人、行为以及环境三者之间的相互作用。学习者的自我调节学习能力在个人、行为、环境的交互作用过程中得到发展。即学习者通过观察学习接受环境中的信息,形成并改变学习者内部认知结构,进而调节自己的学习行为。其中,个人自我要素主要包括自我效能感,陈述性、程序性和策略性知识,元认知计划、监控,目标设置,情绪、情感等;行为要素主要是指学习者对学习的自我观察、自我判断和自我反应,这几种行为会影响自我调节学习的效果和下一步学习的努力方向;环境要素主要由物质性环境和社会性环境组成。物质环境包括学习场所、学习资源等环境营造,而社会环境是在学习过程中与他人发生的联系,包括他人帮助、榜样等。然而,个体、行为、环境的交互也不是一成不变地具有相同的影响作用,由于个体不同、学习任务不同、学习环境变化,某些时间节点或者某个情境中个体的内部因素、行为因素或者环境因素三者中的某一种或者两种起到决定性作用,也可能三种因素同时起作用。针对以上观点,在进行具体干预设计时,需综合考虑学习者个人、行为以及环境三者之间的潜在交互关系。通过合理有效的干预设计,激发学习者在线学习自我效能、在线学习动机以及在线学习相关策略等内部要素,唤醒学习者对学习行为的自我观察、自我监控、自我判断以及自我反应,同时为学习者营造良好的学习环境,促进学习者对学习的物理环境以及社会环境进行有效利用。

因此,本书在充分借鉴学习分析模型已有研究成果的基础上,重点参考乔治·西门斯学习分析过程模型、结合伊莱亚斯提出的学习分析循环、持续改进教与学的思想以及德国亚森工业大学强调尊重学习者学习数据隐私、伦理与道德的理念,并以社会认知理论提出的"个人—行为—环境"三元交互思想为依托,构建教师在线自我调节学习干预框架,如图4-2所示。教师在线自我调节学习干预框架充分体现了学习分析的流程及受益者,突出了学习分析的循环性以及学习干预的持续性,明确了具体干预策略设计的出发点,强调了对学习者学习数据隐私的尊重，展现了为学习者提供全面、系统、多方位指导与干预的理念。

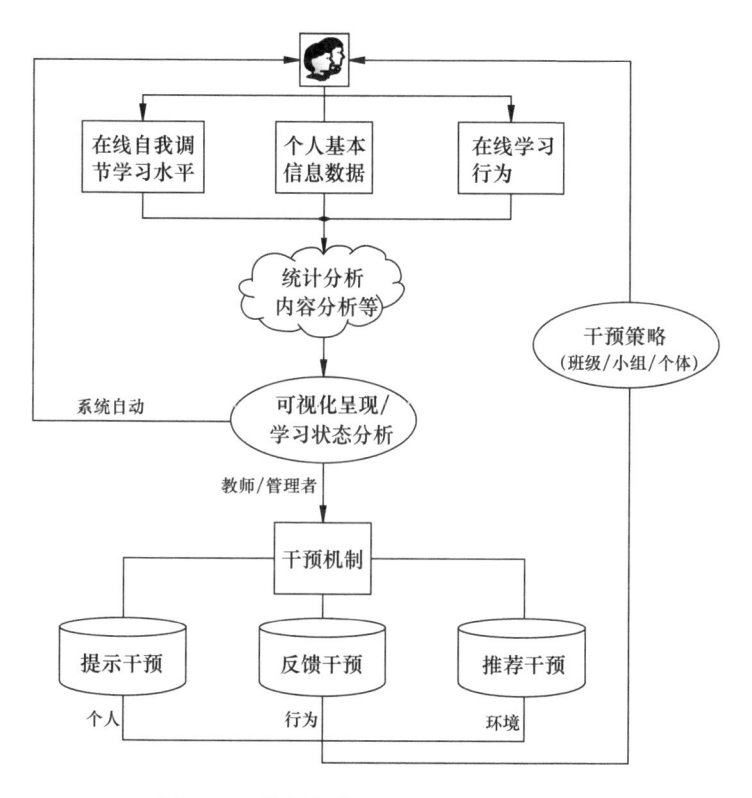

图 4-2 教师在线自我调节学习干预框架

在教师在线自我调节学习干预框架中，学习分析数据来源和种类主要包含通过在线问卷调查得到学习者在线自我调节学习水平数据、个人基本信息数据以及从在线学习平台上获取的学习者在线学习行为数据。分析方法主要采用统计分析、内容分析等。其中一部分数据分析结果以可视化呈现的形式通过学习平台系统自助反馈给学习者，如可视化的学习进度条等，帮助学习者随时了解自己的学习进展情况，明确自己的学习状态，进行自我观察，将自己目前的学习状态与自己内部的学习标准进行比较，实现自我判断，进而做出自我反应来改善自己的学习行为，实现学习系统的自动干预。此外，绝大部分数据分析结果以可视化形式及数据表的形式呈现给老师及管理者，帮助老师、管理者及时分析、了解学习者在线自我调节学习状态，发现学习者在学习过程中可能存在的潜在问题、预测学习效果，并依据学习者的学习状态从三元交互理论所描述的个人、行为、环境三者之间的潜在因果关系出发，设计针对学习者个人、学习行为、学习环境的"提示—反馈—推荐"相结合的干预机制。依据干预机制设计一种或多种干预策略，在考虑学习者学习数据隐私、伦理与道德的基础上，有针对性地通过班级干预、小组干预、个体干预或者相结合的形式为学习者提供恰当的干预服务，帮助学习者及时解决学习过程中遇到的问题，及时调整和改善自己的学习行为。到此，虽然完成一个在线自我调节学习诊断与干预循环，但学习分析并没有结束，得到改善的学习者学习行为数据会被再次收集和分析，进入新一轮的学习分析，在学习过程中如此循环下去，实现对学习者在线自我调节学习的持续干预，不断提升学习者的在线自我调节学习能力。

教师在线自我调节学习干预框架中，教师个人基本信息数据主要包括相关的人口学数据（性别、年龄、教龄、学历、所教学段、学校所在地等基本信息）。在线自我调节学习水平数据主要指在学习初期，从教师填答在线自我调节学习问卷获得的教师在线自我调节学习初始水平数据。在线学习行为数据主要指教师在学习过程中留下的具体学习行为数据（在本书中将在线学习行为具体分为：基本操作行为、认知理解行为、交流互动行为、问题解决行为、贡献分享行为）。教师没有正式进入在线学习平台进行学习之前，主要对教师的人口学数据和自我调节学习初始水平数据进行分析和预测，依据干预机制设计适合的干预策略，帮助教师顺利进入学习状态。随着学习的进展，将教师人口学数据、在线自我调节学习水平数据以及在线学习行为数据相结合进行分析，更加全面、精准地评价和预测学习者的学习状态,有针对性地为教师提供恰当的干预服务。

一 教师在线自我调节学习干预要素

在第三章,本书通过对已有文献的梳理与分析,结合对部分教师访谈及对调查数据分析,最终确定了教师在线自我调节学习的基本构成要素,即在线学习自我效能、在线学习动机、在线学习认知策略、在线学习元认知策略、在线学习资源管理策略共五个要素。并利用编制信度效度较高的调查问卷,调查分析了1443名教师在线自我调节学习的基本现状。调查结果显示:教师在线自我调节学习整体处于中等水平,各维度要素水平表现不均衡,具体感知水平得分由低到高分别为:在线学习自我效能($M=4.02$)<在线学习元认知策略($M=4.11$)<在线学习资源管理策略($M=4.28$)<在线学习认知策略($M=4.68$)<在线学习动机($M=4.73$)。主要表现在对在线学习平台基本功能的了解、平台使用的在线学习自我效能感方面,对学习进行计划、监控、反思等元认知策略方面,以及在学习遇到困难向同伴求助等在线学习资源管理策略方面的个人感知水平相对较低,有较大的提升空间。而对在线学习认知策略中组织策略的运用、在线学习的内部动机方面的个人感知均处于中等偏上水平,但仍然有一定的提升空间。因此,本书在重点关注对教师在线学习自我效能、在线学习元认知策略以及在线学习资源管理策略干预的同时,也兼顾对在线学习认知策略、在线学习动机的干预,通过对五个要素的全面干预,实现教师在线自我调节学习能力的整体提升,如图4-3所示。

值得注意的是在具体的学习干预实践中,由于在线自我调节学习各组成要素之间具有一定的相互影响和相互促进关系,所采取的干预并非相互独立,而是彼此联系相互融合,对某一要素的干预可能会对其他要素也产生积极的正向作用。例如,通过对教师在线学习行为的积极正向的评价反馈,既会增加教师在线学习的信心,同时又提高其学习动机。

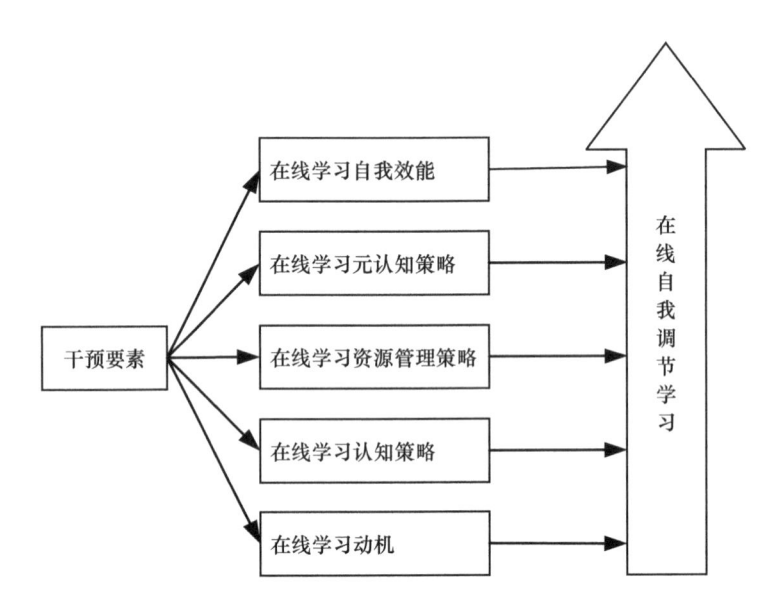

图 4-3 教师在线自我调节学习干预要素

二 教师在线自我调节学习干预机制

在明确具体干预要素的基础上,本书依据社会认知理论的三元交互观点以及齐莫尔曼·巴里提出自我调节学习模型的相关思想,针对学习者个人、学习行为、学习环境三元素设计了"提示—反馈—推荐"相结合的教师在线自我调节学习干预机制,如图 4-4 所示。即在学习者在线学习过程中,通过基于个人的提示干预机制激发学习者的自我效能感、动机、认知、元认知等自我调节个人内部因素;通过基于行为的外部反馈干预机制唤起学习者对自己学习行为外部表现作出主动监控和调节;通过基于环境的推荐干预机制促进学习者对学习环境中物质资源和社会资源的利用,多角度、系统地实现对教师在线自我调节学习各要素的干预。

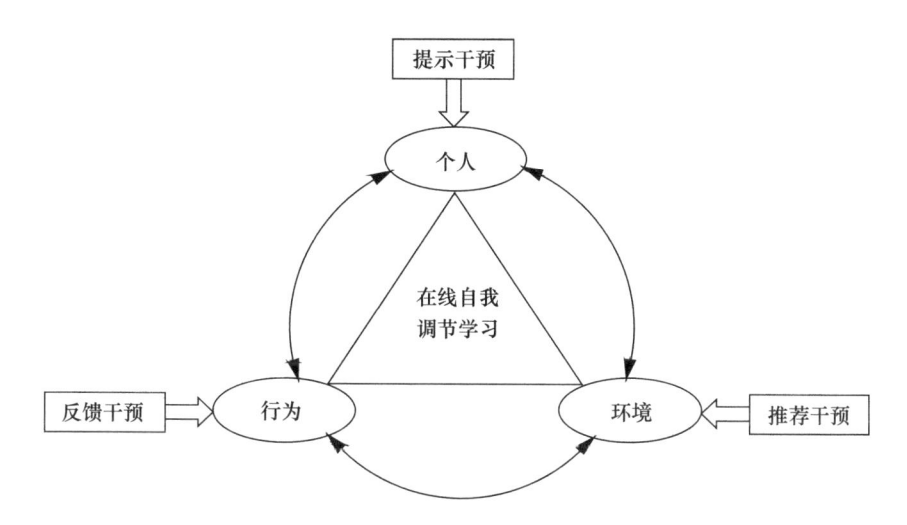

第四章 教师在线自我调节学习精准干预设计 / 99

图 4-4 教师在线自我调节学习干预机制

（一）提示干预机制

提示干预机制主要是针对学习者个体内部的效能感、动机、认知、元认知等进行干预。在本书中，依据作用的不同，提示干预机制主要包括元认知提示、论证性提示、反思性提示，如图 4-5 所示。

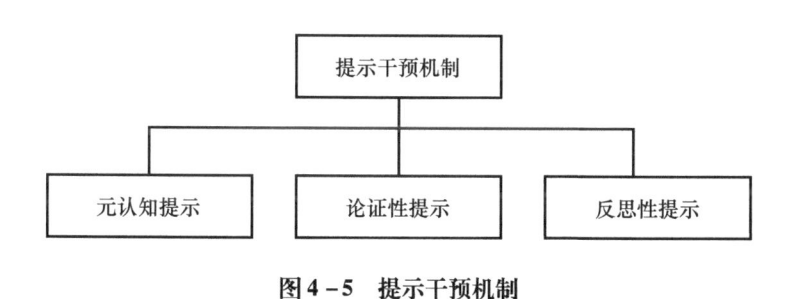

图 4-5 提示干预机制

1. 元认知提示

元认知提示主要包括促进学习者对知识理解的提示和激发学习者对学习规划的提示，以增强学习者的在线学习自我效能感、提升在线学习认知策略以及在线学习元认知策略。其中，促进学习知识理解的元认知提示，可以使学习者将注意力聚焦于学习内容的关键要素，解释和内化相关信息，并引发学习者高水平的思考，激发学习者的已有知识，使学习者的注意力聚焦到自己的想法，将学习到的新知识与已有的知识图示建立联系，唤起学习者对已有学习策略的使用，帮助学习者理解和内化学习信息，例如，元认知自我提问提示、学习策略使用提示等；学习规划的元认知提示，通过为学习者提供学习过程中的自我计划、自我监控、自我评价等元认知提示，激活学习者已有的元认知知识和元认知学习策略，在学习过程中唤起学习者对已有学习策略的使用，帮助学习者合理审视自己的学习计划，学习进展。例如，学习计划提示、学习时间提示等。

2. 论证性提示

论证性提示主要通过让学习者表述出自己学习过程中所想所思的理由，引发学习者对学习内容、学习方案等进行深入思考，使学习者完成推理过程，激发学习者的在线学习动机、增强在线学习自我效能感、唤醒和提升在线学习认知策略。例如辅导老师在学习讨论区给予学习者讨论问题的引导提示、学习作品互评中评价标准提示以及教学方案设计提供的提示干预等。

3. 反思性提示

反思性提示主要帮助学习者更加明确地反思、监察和控制在线学习行为，使学习者在学习过程中更加关注自己内在的想法和对学习活动的理解，唤起和提升学习者的在线学习认知策略以及在线学习元认知策略。在具体的教师在线学习实践中，反思性提示干预机制主要帮助教师对自己的学习计划、学习策略、学习效果进行有效性反思，并在总结前一阶段学习的基础上，对接下来的学习进行合理地规划和调整，进而有效地完成后续学习任务。例如，对学习计划的反思提示、对学习日志的反思提示等。

(二) 反馈干预机制

反馈干预机制主要通过对学习者行为的外部反馈，唤起学习者对自己学习行为外部表现进行主动监控和调节，实现对学习者学习行为的干预。在本书中，通过学习行为可视化反馈和过程性学习评价反馈实现对学习者学习行为的干预，如图4-6所示。

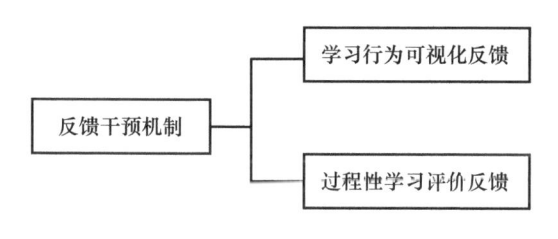

图4-6 反馈干预机制

1. 学习行为可视化反馈

学习行为可视化反馈主要通过统计方法、数据挖掘方法对学习者的学习行为数据进行挖掘，细化分类，并对不同类别的学习行为进行统计分析，最后将学习行为的数据分析结果以可视化的形式呈现给学习者，促进学习者对自己学习行为进行自我监察、自我控制与自我调节，实现对学习者在线学习动机的激发，唤醒和提升学习者的在线学习元认知策略。

学习者在线学习行为较为复杂，由于研究视角及研究目的不同，在线学习行为的分类略有不同。本书在综合借鉴华东师范大学李银铃博士对教师远程培训学习行为的分类以及华中师范大学彭文辉博士对网络学习行为的分类的基础上，为了更好地理解、记录、统计与分析教师在线学习行为，将教师在线学习行为分为：基本操作行为、认知理解行为、交流互动行为、问题解决行为、贡献分享行为。本书学习行为可视化反馈主要针对以上所划分的五类学习行为展开，如图4-7所示。

```
                    ┌── 贡献分享行为可视化反馈
                    │
                    ├── 问题解决行为可视化反馈
                    │
学习行为可视化反馈 ──┼── 交流互动行为可视化反馈
                    │
                    ├── 认知理解行为可视化反馈
                    │
                    └── 基本操作行为可视化反馈
```

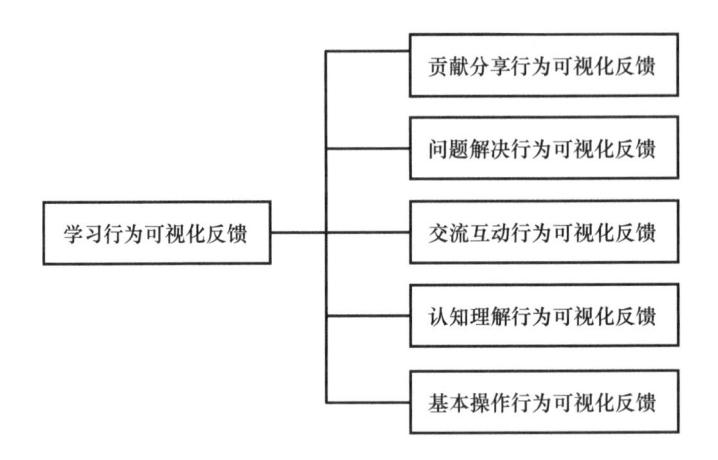

图 4-7 学习行为可视化反馈机制

（1）基本操作行为可视化反馈

教师在线学习行为分类中，基本操作学习行为体现的是一种最基本的参与，是最基本的在线学习行为。同时，基本操作行为又是深入过渡到其他学习行为的必经阶段，很多时候，这类基本操作学习行为与其他学习行为相伴随发生。在本书中，针对此类学习行为的反馈干预设计主要是对教师登录在线学习平台次数、点击浏览学习资源、点击浏览讨论区的帖子、点击平台操作指南、浏览课程学习公告栏等学习行为的分析与可视化呈现。

（2）认知理解行为可视化反馈

认知理解行为是一种内隐的学习行为，通过底层基本操作行为外显，针对此类学习行为的反馈干预设计侧重于对记忆、比较、辨别、计划、监控、调节、反思等学习行为的分析与可视化呈现。

（3）交流互动行为可视化反馈

交流互动行为指不同学习者之间的交流互动学习行为，在本书中，主要指参与学习的教师与学习同伴及辅导教师进行沟通的学习行为，交流互动行为主要体现在参与讨论区的讨论，回复他人帖子，创建主题讨论帖子，参与答疑活动，提出问题，回答学习同伴提出的问题，以及对学习同伴提交的作业以及生成性的学习成果进行评价等学习行为的可视化反馈设计。

（4）问题解决行为可视化反馈

问题解决行为主要是面向教师在线学习过程中解决问题所表现出的各种行为，在本书中，主要是对完成调查问卷、完成教学设计、完成作业、完成学习任务、完成测试等这一类学习行为可视化反馈设计。

（5）贡献分享行为可视化反馈

贡献分享行为是指教师在自己的学习过程中，对优质学习资源、自己的学习成果、生成性学习资源等进行分享与展示，主要包括对展示成果、分享作品、参与优质资源评选等学习行为的可视化反馈设计。

2. 过程性学习评价反馈

过程性学习评价反馈通过对在线学习过程中学习者学习行为数据进行分析，针对数据分析结果为学习者提供与引发新学习行为紧密相连的过程性学习评价反馈信息，进而促进学习者在线学习动机、在线学习自我效能以及在线学习认知策略等在线自我调节学习要素水平的提升。通过对学习者进行过程性学习评价反馈，实现强化正确，激发学习者的学习动机，增强信心，进一步引发学习兴趣，提高学习积极性。同时能够使学习者明确自己存在的问题，找出差距、改进学习策略，使学习者及时调整自己的在线学习行为。在本书中，为学习者提供的过程性学习评价反馈同样针对学习者的基本操作学习行为、认知理解学习行为、交流互动学习行为、问题解决学习行为以及贡献分享学习行为展开设计。

（三）推荐干预机制

推荐干预机制是对参与在线学习教师个人基本信息数据、在线自我调节学习水平数据以及在线学习行为数据进行分析的基础上，从学习环境的角度进行相应的推荐干预设计，以实现对学习环境的干预，如图4-8所示。

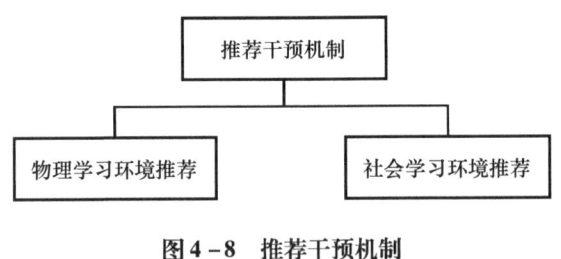

图4-8 推荐干预机制

1. 物理学习环境推荐

物理学习环境多指学习者参与学习的场所，在本书中主要指学习者进行学习所依托的在线学习平台，其包含了丰富的学习资源和学习工具，主要为在线学习者提供学习环境的物质性支持。因此，围绕物理学习环境的推荐干预设计包括推荐学习资源、推荐学习工具、推荐学习活动等，目的在于促进学习者在线学习动机、在线学习自我效能感以及在线学习资源管理策略提升。

2. 社会学习环境推荐

社会学习环境在本书中指在线学习者与学习同伴、辅导教师以及其他成员之间的相互关系。针对社会学习环境的推荐干预主要为在线学习者提供学习环境的社会性支持，帮助学习者克服在线学习的孤独感，以及集体归属感的缺失，促进学习者之间的交流互动，激发学习者的学习动机及学习的持久性。因此，围绕社会学习环境的推荐干预设计主要包括推荐学习伙伴、推荐学习榜样、推荐人际交流环境（QQ群以及微信群、校内）等，从而促进学习者在线学习动机、在线学习资源管理策略等在线自我调节学习要素水平的提升。

综上所述，本书通过对学习者个人内部因素的提示干预机制、针对学习者学习行为的反馈干预机制以及针对学习环境的推荐干预机制的具体分析，能够明确干预机制设计的出发点、表现形式以及目的，使研究在理论分析层面具有一定的深入性，同时在实践设计层面又具有良好的操作性，有助于系统地指导教师在线自我调节学习的干预实践。具体针对个体的提示干预机制、针对行为的反馈干预机制以及针对环境的推荐干预机制不是相互独立的，而是相互融合相互促进有机联系的，共同作用于教师在线自我调节学习的干预过程中。

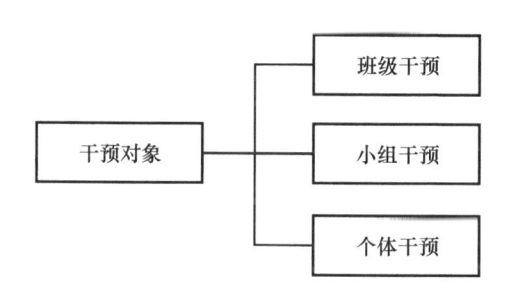

三 教师在线自我调节学习干预对象

针对学习者个人、学习行为、学习环境的"提示—反馈—推荐"相融合的教师在线自我调节学习干预机制的设计理念根植于学习者个体内部因素、学习行为以及学习环境三者之间的交互关系，旨在从多角度为学习者提供在线自我调节学习干预。本书依据所设计的教师在线自我调节学习干预机制，在充分考虑学习者学习数据隐私、伦理道德的基础上，按照实施干预群体的不同，将干预对象具体分为班级干预、小组干预及个体干预三种，如图4-9所示。

图4-9 教师在线自我调节学习干预对象

其中，班级干预是指对全部参与学习的教师进行干预。小组干预是指在学习过程中，对分组后的某一小组全体成员采取干预。班级干预、小组干预主要针对教师在线学习过程中在某方面或者某个阶段普遍存在的共性问题，在不涉及教师个人数据隐私的前提下采取的一类干预，班级干预和小组干预相对来说覆盖范围广，目标明确、指向性强，主要采用学习平台的公告栏、弹出窗口、光荣榜、可视化等方式实现。个体干预是针对参与学习的教师个体，依据对其相关学习数据的分析，针对其特点及学习过程中存在的学习困难，有针对性地给予个性化的学习干预。个体干预适用范围小，但针对性强，同时有利于保护学习分析过程中的个人数据隐私，一般采用QQ社交软件、邮件、学习平台的消息、小纸条、可视化等方式实现对个体的一对一干预。在本书的后续实践环节中，研究者在尊重学习者学习数据隐私与伦理道德的基础上，始终坚持将班级干预、小组干预以及个体干预有机结合，采用多种方式为参与学习的教师提供干预服务。

第二节　教师在线自我调节学习干预过程设计

本书将学习干预融入教师在线自我调节学习的整个过程，齐莫尔曼·巴里教授在2002年提出了著名的自我调节学习过程模型，将自我调节学习过程划分为计划、行为或意志、自我反思三个循环阶段。认为计划阶段主要涉及对学习任务的分析和学习动机的激发。任务分析的结果是要实现学习目标的设定以及学习计划的制订，学习动机主要来源于学习者具有完成学习任务的信心即自我效能感和对学习结果的预期。此外，学习兴趣和学习目标定向也会影响学习动机；行为或意志控制阶段，主要涉及学习者的自我控制和自我观察，自我控制是指学习者需要根据学习的需要分配学习时间，集中注意力，并选择恰当的学习策略进行学习。自我观察主要是指学习者对自己的学习行为、学习进度、学习进展等进行观察分析，使自己及时准确并且尽量全面地了解自己的学习状态，当学习者观察到自己的学习行为或者学习进展不是向预定的学习目标前行时，学习者还要启动自我实验，也就是说学习者通过改变学习进程、学习策略等形式最终达成预先设定的学习目标；自我反思阶段主要包括自我判断和自我反应，自我判断主要是指学习者要对自己的学习进行评价，并对一些学习结果产生原因进行分析，分析导致某种不良学习效果的原因到底是什么，应该如何调整。自我反应一般会有两种形式，一种形式是指学习者对自己的学习结果给予肯定性的积极评价，并因此产生成就感和满意感。另一种形式是指学习者认为自己的学习没有达到预期的学习效果，对自己的学习行为进行及时调整，以期调整后会获得满意的学习效果，即自我反应适应性。也有可能学习者在获得不良的学习效果后，为避免不良学习结果的再一次出现而采取的消极方式，以应对后续的学习任务。

教师在线自我调节学习干预过程的设计主要以干预框架为依据，并重点参考齐莫尔曼·巴里的自我调节学习过程模型，在分析教师在线学习特点的基础上，将教师在线自我调节学习干预过程划分为：计划与准备阶段、执行与控制阶段、评价与反思阶段，如图4-10所示。在每个具体的阶段又体现多轮对学习者计划、行为表现及自我反思的循环干预。

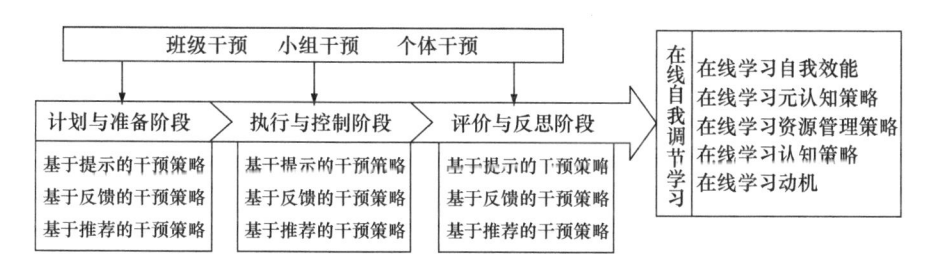

图4-10 教师在线自我调节学习干预过程

本书针对教师在线自我调节学习的不同学习阶段，从学习分析的视角，综合运用描述性统计分析、T检验、内容分析等学习分析方法对教师个人基本信息、在线自我调节学习水平以及相关在线学习行为数据进行分析，动态诊断教师在线自我调节学习状态，明确需要重点关注的在线自我调节学习要素，依据干预机制进行具体干预策略设计。

一　计划与准备阶段干预

计划与准备阶段的干预主要是指在学习的初始阶段，为了帮助教师分析学习任务、明确学习目标，制订学习计划，使教师顺利进入学习状态而进行的干预设计。干预的要素主要包括在线学习自我效能、在线学习动机、在线学习元认知策略。

其中，基于提示的干预策略主要通过对教师在线自我调节学习水平的调查分析，充分考虑教师在线自我调节学习个人感知的薄弱要素基础上，侧重于对教师在线学习自我效能与在线学习元认知策略的干预，通过相应的干预策略，增强教师在线学习的自我效能感，唤起和提升元认知策略。

基于反馈的干预策略注重对教师在线学习自我效能、在线学习持久性、在线学习行为进行积极的影响。主要通过对登录学习平台、浏览资源、参与讨论、提交学习计划等学习行为数据的分析与挖掘，了解学习者在计划与准备阶段的学习状态，进而通过提供基本操作学习行为可视化反馈以及学习过程评价反馈，促进学习者及时登录学习平台，熟练学习平台的基本功能，做好学习的前期准备。

基于推荐的干预策略通过对教师已有知识以及在线自我调节学习感知水平的分析，结合对学习行为数据的挖掘，有针对性地为教师推荐学习资源（某些选修学习资源、学习手册、基本操作流程、交流互动的方法等）、学习工具、学习活动（实时在线答疑活动、在线研讨活动等）、学习伙伴、学习路径、人际交流环境（QQ 群、微信群以及校内）等，目的在于为学习者营造更加良好的物理及社会学习环境。

二 执行与控制阶段干预

执行与控制阶段干预主要是指在教师明确学习目标、分解学习任务、做好学习计划之后，为保障教师后续学习的顺利开展所进行的干预设计。侧重对教师在线学习动机、认知策略、元认知策略以及资源管理策略等在线自我调节学习要素的干预。

其中，基于提示的干预策略主要通过对教师认知理解学习行为、交流互动学习行为以及问题解决学习行为等在线学习相关数据进行分析，依据数据分析结果，有针对性地为教师提供干预，促进教师对学习内容的理解，加强对学习的阶段性反思。

基于反馈的干预策略主要关注对教师在线学习的基本操作学习行为、认知理解学习行为、交流互动学习行为、问题解决学习行为的可视化反馈，以及过程性学习评价反馈，目的在于激发教师的学习动机，促进教师在线学习的自我观察、自我判断与自我调节等学习行为的发生。

基于推荐的干预策略侧重对教师认知理解学习行为、问题解决学习行为数据的分析，依据分析结果有针对性地为教师推荐恰当的选修学习资源、学习活动、学习同伴，进而为教师提供良好的物质学习环境与社会学习环境，使其产生良好的在线学习体验。

三 评价与反思阶段干预

评价与反思阶段干预主要是指教师在某个学习活动或者整体学习活动完成之后，为教师提供的干预，目的是促进教师更合理、客观地评价自己的学习效果，反思自己的学习过程。

其中，基于提示的干预策略更多地侧重通过提供反思框架促进教师更加合理地反思自己的学习过程。

基于反馈的干预策略更多地关注对问题解决学习行为、贡献分享学习行为进行反馈，通过对教师的学习成果，反思结果进行恰当地评价反馈，促进教师对整个学习过程进行自我反思及自我评价。

基于推荐的干预策略则在综合分析教师在线学习行为的基础上，通过推荐优秀榜样、优秀学习成果、优秀作品评选等干预方式，促进教师对自己的学习过程恰当地归因、评价与反思。

本章首先结合已有研究对学习干预作了适合本书的概念界定。然后，在上一章教师在线自我调节学习现状分析基础上，结合对已有典型学习分析模型进行深入分析，以社会认知学习理论为依托，构建了教师在线自我调节学习干预框架，主要包括干预要素，针对学习者个人、学习行为、学习环境相结合的干预机制，干预对象三部分核心内容。干预框架设计充分体现了学习分析的流程及受益者，突出了学习分析的循环性以及学习干预的持续性，明确了具体干预策略设计的出发点，强调了对学习者学习数据隐私的尊重，展现了为学习者提供全面、系统、多方位指导与干预的理念。最后，依据齐莫尔曼·巴里自我调节学习过程，设计了教师在线自我调节学习干预过程，即在教师在线学习的计划与准备阶段、执行与控制阶段以及评价与反思阶段分别进行有针对性的干预设计，并在干预过程中体现干预框架的具体内容。本章所构建的干预框架与设计的干预过程是后续开展实证研究的重要依据。

第五章

实证研究设计与实施

本章重点依据上一章设计的教师在线自我调节学习干预框架及干预过程，依托教师信息技术应用能力提升项目，结合研究者自身工作的实际情况，选取所负责的初中历史学科教师作为研究对象，在真实的教师在线学习实践中，开展实证研究，探索系列的干预策略，并验证干预效果。

第一节 实证研究目的与研究假设

一 实证研究目的

在真实的在线学习环境中，综合考虑教师个人基本特征信息、在线自我调节学习水平数据，并结合计划与准备、执行与监控、评价与反思三个阶段的学习行为数据，从学习分析的视角，依据针对学习者个人、学习行为、学习环境的"提示—反馈—推荐"相结合的干预机制，探索具体适切的提示干预策略、反馈干预策略以及推荐干预策略，帮助教师唤起和提升在线自我调节学习能力，提高在线学习效果。

二 实证研究假设

总体假设：教师在线学习过程中需要分析学习任务、制订学习计划，监控自己的学习行为并及时对学习行为进行调整，评价和反思自己的学习过程和学习效果，在整个学习过程中自我调节学习能力起到很重要的调控作用。在这里，本书假设教师在线自我调节学习能力可以在具体的在线学习环境中得到唤起和提升。

研究假设 H1：在线学习环境中，依据干预框架和干预过程所设计的多类型、系列的干预策略有利于唤起和提升教师在线自我调节学习能力。主要表现为教师在线自我调节学习整体水平及各维度要素水平的个人感知变化，以及在线自我调节学习反思事件的变化。

研究假设 H2：在线学习环境中，依据干预框架和干预过程所设计的多类型、系列的干预策略有利于促进教师信息技术应用能力学习效果的提高。主要表现在教师作为课堂教学的设计者，其信息技术与课程融合的教学设计能力变化以及在线学习行为变化。

研究假设 H3：教师在线自我调节学习能力与在线学习效果具有正相关性。

第二节 实证研究方法

一 研究对象

该实证研究依托教师信息技术能力提升项目，利用 J 省中小学教师继续教育研修在线学习平台，在初中历史学科教师在线学习中开展。研究对象为参与教师信息技术能力提升学习的 185 名初中历史教师，分别来自 J 省所属 C 市的四个县市区。参与学习的教师教龄最长 28 年，最短为 1 年。其中 11 位教师表示没有参加过在线学习，13 位教师参加过 5 次以上在线学习，平均在线学习次数为 2 次，90.3% 的教师具有大学本科及以上学历。其中城区教师为 80 人，占总人数的 43.2%；乡镇教师（多为农村教师）为 105 人，占总人数的 56.8%。男教师 70 人，占总人数的 37.8%；女教师 115 人，占总人数的 62.2%。结合第三章的调查分析结果，即教师在线学习自我效能要素在地区、学历以及教龄方面存在显著差异，为降低这些差异对干预结果产生的影响，本书采用实验班与对照班教师匹配的分班原则，在重点分析教师学历、教龄及学校所在地等基本信息的基础上，将185名初中历史教师分配到实验班和对照班，尽量做到实验班和对照班教师的来源组成基本一致。参与学习的实验班和对照班教师基本信息如表5-1所示。

表5-1　　　　　　　实验班和对照班教师基本信息

基本信息	特征	实验班（92人）	对照班（93人）
性别	男	32	38
	女	60	55
学历	专科	10	8
	本科	74	78
	研究生	8	7
教龄	0—5年	7	9
	6—10年	12	13
	11—15年	10	13
	15—20年	26	24
	20—25年	29	28
	25年以上	8	6
学校所在地	城市	38	42
	乡镇	54	51

二　研究工具

（一）教师在线自我调节学习问卷

本书的第三章在前人已有研究成果基础上，结合向专家咨询以及对工作在教学一线且参与过在线学习的教师进行调查与访谈，编制了适合教师在线学习特点，且信度、效度相对较好的教师在线自我调节学习问卷（见附录1）。在本章实证研究中，利用此问卷主要实现纵向的前后测以及横向实验班和对照班对比,验证所实施的基于学习分析的在线自我调节学习干预对教师在线自我调节学习个人感知水平的影响。

(二) 教师在线自我调节学习干预策略满意度问卷

为了更好地了解实验班教师对在线学习过程中提供系列干预策略的满意度及认可度,本书结合在线学习过程以及实证部分所设计的具体学习干预策略编制教师在线自我调节学习干预策略满意度问卷(见附录2)。该问卷共包含13个题项,每个题项均采用李克特五点计分形式,分别为:(1)非常不满意,(2)不满意,(3)一般,(4)满意,(5)非常满意。在学习结束后,利用此问卷了解实验班教师对本书所提供干预策略的满意程度。

(三) 访谈提纲

在本次实证研究的后期,为了更深入地了解不同特征、不同类型参与学习教师在线自我调节学习状态的变化以及产生的原因。本书选取实验班年龄在35岁以下,35—45岁,以及45岁以上,乡镇5位,城市4位,共9位教师采取网络和面对面访谈的方式,从以下几个方面进行访谈:

访谈题目1:在本次在线学习过程中,你能按照自己制订的学习计划进行学习吗?如果不能,原因是什么?

访谈题目2:在本次学习过程中,你更喜欢哪种类型的学习资源,辅导教师推荐的学习资源对你的学习有帮助吗?

访谈题目3:在线学习过程中,辅导教师呈现的哪些信息能帮助你及时了解自己的学习行为?

访谈题目4:在线学习过程中,在什么情况下你会对自己的学习行为(学习进度等)进行调节?

访谈题目5:辅导教师提供的哪些反馈信息会影响你对自己学习效果的认识,从而意识到需要调整自己的学习状态?

第三节　实证研究程序

本章实证研究是在前一章教师在线自我调节学习干预框架指导下，依据所设计的干预过程，通过对实验班教师个人基本信息数据、在线自我调节学习水平数据以及学习行为数据进行分析，针对数据分析结果进行具体干预策略设计，并将干预策略融入实验班教师在线学习过程中，具体干预策略描述如下：

一　计划与准备阶段干预策略

计划与准备阶段是在线自我调节学习的初期，在这个阶段重点对实验班教师在线学习动机、在线学习自我效能、在线学习认知策略、在线学习元认知策略进行干预，增强学习者在线学习自我效能，克服因为技术操作障碍带给学习者的畏难学习情绪，使学习者积极主动地参与学习，并做好学习准备工作，制订好学习计划。因此，在本阶段所设计的干预策略要重点围绕如下两个方面进行设计：首先，要帮助实验班教师更快地了解和熟悉在线学习环境，包括登录学习平台、更改自己的个人信息、了解学习平台的基本功能等。其次，要重点帮助实验班教师明确本次学习的主要目的，了解具体的学习任务，并针对自己的实际情况设定学习计划。

计划与准备阶段，主要通过获取实验班教师在线自我调节学习数据、个人基本信息数据以及基本操作学习行为数据，运用 SPSS 统计分析软件对相关学习数据进行分析，依据数据分析结果设计干预策略。本阶段为实验班教师提供的在线自我调节学习干预策略主要有：学习计划提示、学习评价反馈、推荐学习活动、推荐学习资源、推荐学习同伴。其中，学习计划提示属于提示干预机制范畴，学习评价反馈属于反馈干预机制范畴，推荐学习活动、推荐学习资源、推荐学习同伴属于推荐干预机制范畴，如图 5-1 所示。

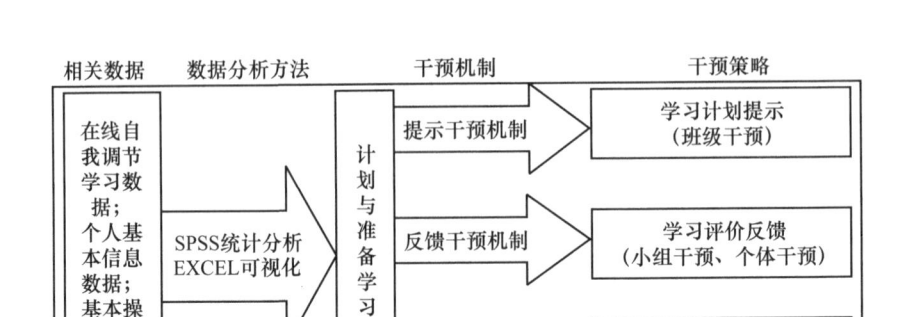

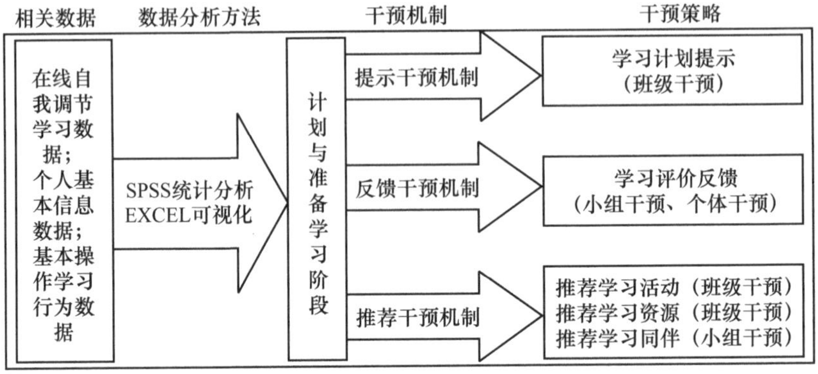

图 5-1 计划与准备阶段干预策略

（一）学习计划提示

学习计划提示干预策略主要实现对实验班教师在线学习元认知策略的干预。在线自我调节学习非常重要的一个环节就是学习计划的制订，学习计划的制订可为后续学习提供明确的学习指导。通过为实验班教师提供学习目标分析提示、学习任务分解提示、学习时间安排提示、学习活动安排提示以及自我评价方法提示，帮助实验班教师制订适合自己特点的学习计划，有利于实现对实验班教师在线学习元认知策略干预，如图 5-2 所示。

学习计划制订环节包含学习目标设定、学习任务分解、学习时间安排、学习活动选择、学习效果自我评价等。在学习过程中，为实验班教师提供用于引导和调整自身学习行为的参照点，使其在学习过程中不断地比较自己当前行为状态与预想状态的差距，对自己的行为进行调节。而学习目标就是实验班教师在学习过程中的参照点，在既定学习目标的引导下，实验班教师不断调节自己的学习行为和学习策略。已有研究表明学习者所设定的学习目标会影响学习者的学习动机，具体的学习目标比笼统的学习目标对学习者的自我调节学习具有更大的推动作用，具体的学习目标能够使学习者更加清晰、明确地知晓该学习什么、采用什么学习策略、如何选择恰当

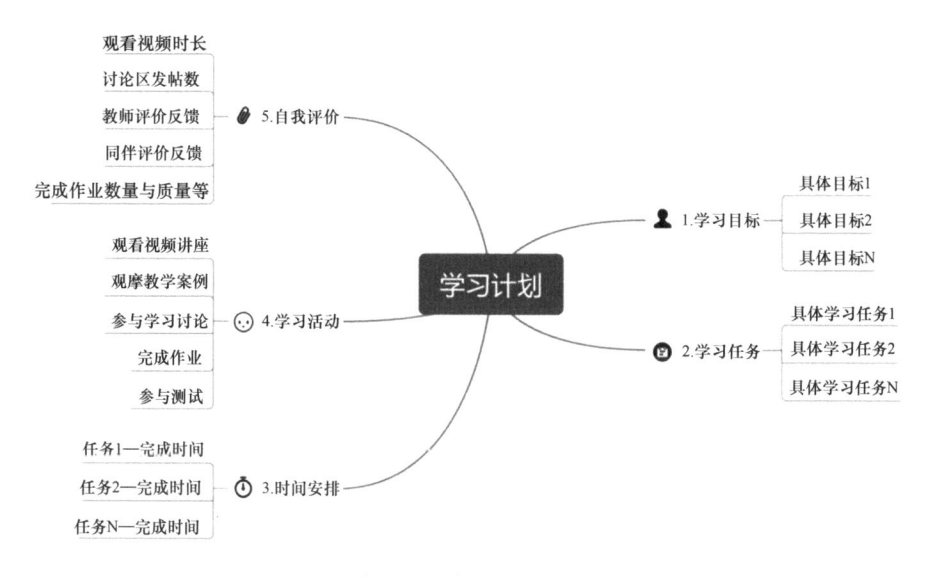

第五章 实证研究设计与实施 / 117

```
观看视频时长
讨论区发帖数
教师评价反馈         5.自我评价
同伴评价反馈
完成作业数量与质量等
                                                       具体目标1
                                          1.学习目标    具体目标2
观看视频讲座                                              具体目标N
观摩教学案例
参与学习讨论    4.学习活动        学习计划
完成作业                                                具体学习任务1
参与测试                                    2.学习任务    具体学习任务2
                                                       具体学习任务N
任务1—完成时间
任务2—完成时间    3.时间安排
任务N—完成时间
```

图 5-2　学习计划提示

的学习时间和地点，使学习者更容易参考设定的目标，监控自己的学习进程。同时，目标的设定不能太高也不能太低，目标设置得太高或者太低都会在很大程度上影响学习者的学习意志力。如果目标设置太高，实现起来特别困难，学习者常常会怀疑自己的学习能力，学习过程中学习者很难看到自己的进步，学习者在遇到学习困难时会失去信心，容易放弃学习。如果目标设置过低，由于很容易实现，学习动机会降低。因此，为了促进实验班教师的在线自我调节学习，在实证研究过程中，计划与准备阶段主要通过整体班级干预，指导实验班教师设置合理的、具体的、短期的、能够完成而又具有挑战的阶段性学习目标。而计划完成哪些学习任务，围绕具体学习任务合理安排学习时间、依据要完成的学习任务选择参与哪些学习活动、如何对学习效果进行评价，则根据学习的具体目标来安排，具体的学习计划提示干预见附录3。

（二）学习评价反馈

学习评价反馈干预策略主要实现对实验班教师在线学习动机的

干预。通过辅导教师、学习同伴对学习小组或者某一学习者个体的学习行为进行评价，激发实验班教师在线学习动机。在本阶段辅导教师对实验班教师的学习评价反馈主要通过学习平台的公告板、小纸条，以及 QQ 社交软件等方式，主要开展小组干预及个体干预，重点为实验班教师呈现在线学习平台登录次数、与学习同伴交流互动情况、调查问卷完成情况以及提交学习计划情况等方面的学习评价反馈。

(三) 推荐学习活动

推荐学习活动干预策略主要实现对实验班教师在线学习认知策略的干预。在计划与准备阶段为实验班教师推荐学习活动主要有两个目的：一方面帮助实验班教师明确本次学习目的及需要完成的学习任务，另一方面使实验班教师了解在线自我调节学习的含义，了解在线学习过程中对学习进行计划、监控、评估和反思的重要性，指出在学习过程中进行学习干预的目的及其作用，明确提示干预机制、反馈干预机制以及推荐干预机制的具体含义和作用，使作为成人学习者的教师明确实施干预目的和本次学习的责任。推荐学习活动主要通过在学习平台发布公告以及 QQ 群留言的形式告知实验班全体教师所推荐的具体学习活动主题以及时间安排。具体的学习活动通过 YY 语音的形式开展，如图 5-3 所示。参与学习的实验班教师在规定的时间登录 YY 语音平台，辅导教师利用幻灯片为学习者分享有关学习目标分析、学习任务分析、在线自我调节学习含义、在线自我调节学习培养和训练方法等相关内容，并针对有疑惑的学习者进行答疑。为了给实验班教师提供较多的参与机会，考虑到在职教师工作比较繁忙，以尽量少打扰教师工作和生活的情况下，分别在学习开始第一周的周三和周五晚上 19 点到 19 点 30 分，开展两次 YY 讲堂活动，参与学习的教师可以依据自己的实际情况选择其中一期参与。

X吉林省赵艳工作坊初中历史宋某	
X吉林省赵艳工作坊初中历史崔某	**目录**
X吉林省赵艳工作坊初中历史张某	
X吉林省赵艳工作坊初中历史张某	
X吉林省赵艳工作坊初中历史李某	
X吉林省赵艳工作坊初中历史李某	
X吉林省赵艳工作坊初中历史李某	＊学习目标分析
X吉林省赵艳工作坊初中历史李某	＊学习任务分析
X吉林省赵艳工作坊初中历史李某	＊在线自我调节学习含义
X吉林省赵艳工作坊初中历史杨某	＊在线自我调节学习培养与训练方法
X吉林省赵艳工作坊初中历史王某	
X吉林省赵艳工作坊初中历史王某	

图5-3　YY语音活动——在线自我调节学习能力培养与训练

（四）推荐学习资源

推荐学习资源干预策略主要实现对实验班教师在线学习自我效能的干预。目的是帮助他们顺利适应在线学习环境。实验班教师只有了解在线学习平台的具体功能，详细的学习评价规则，才能够更加充分地利用在线学习平台进行有序而深入的学习。同时，为了满足学习者个性化学习需求，针对实验班教师的具体情况，在本书中采取的干预策略是不直接提供几十页的学习操作指导手册，让学习者自己翻阅，而是将以往设计的学习手册进行拆解细化，有针对性地运用图文并茂的形式，为实验班教师提供在线学习资源概览、在线学习平台操作演示、在线学习评价量规、在线学习交流工具等学习资源，实验班教师可以根据自己的困惑和需求有选择地浏览或下载，减少认知负荷。此外，针对成人学习者的学习以任务和问题为中心，以及成人学习者将学习需求与责任相联系的特点，为实验班教师提供中小学教师信息技术能力标准解读、研修日志写作要求、学习心得体会模板、视频案例学习分析框架等资源。一方面帮助其进一步明确国家对中小学教师信息技术应用能力的要求，能够针对自己的实际情况更加合理地制订学习计划。另一方面也可以减少后续学习的困惑。本阶段推荐的学习资源通过发布到在线学习平台以及 QQ 学习群中展现给实验班教师,如图 5-4 所示。

公告	
标题	点击次数
视频案例学习分析框架	10
学习心得体会模板	15
研修日志写作要求	17
请参加本次培训教师加入此 QQ 群	76
中小学教师信息技术能力标准解读	51
在线学习平台交流工具	59
在线学习评价量规	86
在线学习平台操作演示	49
在线学习资源概览	56

图 5-4 计划与准备阶段推荐的学习资源

图 5-4 为以在线学习平台中学习公告的形式,为实验班教师推荐的学习资源,图中的学习资源在教师学习期间一直保留,并根据教师不同学习阶段的需求持续不断地推荐相关学习资源。每个推荐的学习资源右侧显示该资源被实验班教师点击的次数,从图中可见,在本学习阶段实验班教师更加关注所提供在线学习评价量规、在线学习平台交流工具、在线学习资源概览等学习资源。

(五)推荐学习同伴

推荐学习同伴干预策略主要实现对实验班教师在线学习动机的干预。在线学习过程中,由于实验班教师来自不同的地区和学校,互相之间基本不相识或者不熟悉,在线学习时空的分离,又使得实验班教师不能与辅导教师及同伴进行面对面交流,常常会感到孤独,已有相关研究均表明这在一定程度上会影响在线学习者的学习动机。而推荐学习同伴的干预策略可以在一定程度上改善学习者的学习孤独感，使其有集体归属感。

在本阶段推荐学习同伴的干预策略主要采用划分学习小组的方式，研究者通过对实验班教师个人基本信息进行分析，在数据分析的基础上，采用就近原则，将来自相同地区的学习者按照 6—10 人为单位分为一组，使之结为学习伙伴，小组成员通过在讨论区及 QQ 群中进行自我介绍，增进相互了解。此外，通过对个人基本信息的分析挖掘，找出班级中信息技术方面擅长或者参加过信息技术与历史学科课程整合大赛的教师，经过与其沟通，利用 QQ 学习群将其推荐给实验班全体成员，使其在学习初期对实验班的其他教师起到引领与帮助作用。

二 执行与控制阶段干预策略

执行与控制阶段是在线自我调节学习过程中非常重要的环节，也是持续时间相对较长的阶段，在此阶段实验班教师要完成大部分在线学习任务，对学习内容进行深入认知理解、监控自己的学习过程、不断调节自己学习行为，解决学习过程中遇到的问题，使学习持续地朝向既定的目标前进，同时要将学习到的知识尝试与自己的教学实践相结合，学以致用。在这个阶段重点对实验班教师在线学习动机、在线学习认知策略、在线学习元认知策略、在线学习资源管理策略进行干预。

执行与控制阶段，在对实验班教师在线自我调节学习水平数据、个人基本信息数据进行分析的基础上，重点获取实验班教师的认知理解学习行为、交流互动学习行为、问题解决学习行为数据，运用统计分析方法以及内容分析法进行分析，依据分析结果设计干预策略。本阶段针对实验班教师设计的在线自我调节学习干预策略主要有：元认知自我提问、学习日志写作提示、学习时间提示、信息化教学设计提示、学习进度可视化反馈、学习行为可视化反馈、学习评价反馈、推荐学习资源、推荐学习活动、推荐学习榜样、推荐学习同伴、推荐学习工具。其中，元认知自我提问、学习日志写作提示干预、学习时间提示干预、信息化教学设计提示，属于提示干预机制范畴；学习评价反馈、学习进度可视化反馈、学习行为可视化反馈，属于反馈干预机制范畴；推荐学习资源、推荐学习活动、推荐学习榜样、推荐学习同伴、推荐学习工具，属于推荐干预机制范畴。如图 5-5 所示。

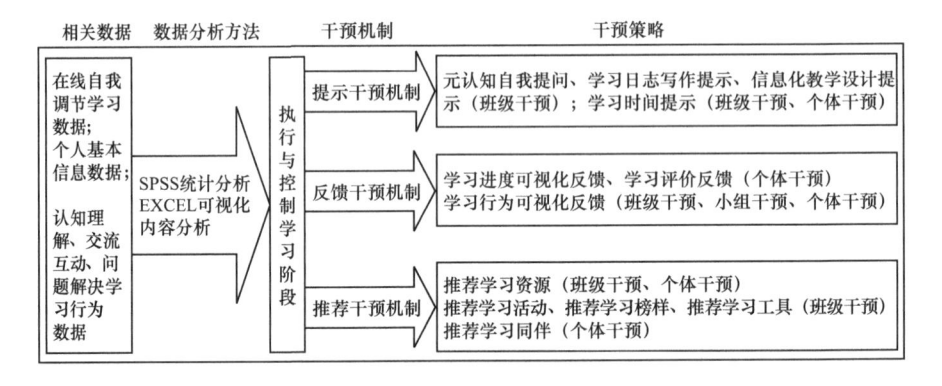

图 5-5　执行与控制阶段干预策略

（一）元认知自我提问

元认知自我提问主要实现对实验班教师在线学习认知策略、在线学习元认知策略的干预。通过元认知自我提问这种提示干预策略帮助实验班教师思考所学内容与已掌握的初中历史教学理论以及实践知识之间的区别与联系，帮助实验班教师更好地理解和内化学习信息，促进对所学习内容进行高水平地加工和知识建构。同时，元认知自我提问干预策略还可以激发实验班教师的自我意识，促使其思考认知活动的特点，从而提高实验班教师在线学习的实效性。在执行与控制阶段，元认知自我提问干预策略的贯彻和落实主要体现在实验班教师观看文本及学习视频资源前，重点提供四个方面提示引发实验班教师的思考，具体内容为：（1）看完这个文本/讲座视频后你要完成的学习任务是什么？（2）这次学习的内容自己以前是否有所了解，与以往自己掌握的初中历史教育教学理论有哪些不同，对自己的历史课程教学有哪些启发？（3）这次学习内容采用什么学习方法比较好，可以选择的学习策略有哪些，为什么？（4）这次学习是否有按照自己设定的学习计划进行，是否需要对学习进行适当的调整（如学习时间、学习场所），你认为如何能够更好地提高学习效率？

（二）学习日志写作提示

学习日志写作提示贯穿于在线学习过程始终，主要实现对实验班教师在线学习认知策略、在线学习元认知策略的干预。实验班教师通过对某一阶段学习的总结和反思，加深对学习内容的理解，促进知识迁移，唤醒和提升元认知能力，进而对实验班教师学习起到重要的调节和促进作用。在执行与控制阶段，学习日志写作提示策略的设计与学习过程紧密结合，主要引导实验班教师对某一阶段学习任务完成情况、学习时间安排、学习过程中遇到问题以及解决方法的合理性、学习的阶段性目标达成情况、选择的学习资源、参与的学习活动是否有利于实现总体学习目标等进行学习反思，具体学习日志写作提示框架见附录4。实验班教师可以根据自己实际学习情况，撰写多个学习日志来反映在某一天或某一周的学习体会，帮助实验班教师对阶段性学习成果进行概括总结，对学习过程监控以及对学习过程中遇到困难进行剖析，及时找到解决方案。同时，辅导教师通过对实验班教师提交的学习日志进行内容分析，以确保有针对性地为实验班教师接下来的学习提供具体的干预策略，促进实验班教师在线学习顺利开展。

（三）学习时间提示

学习时间提示主要实现对实验班教师在线学习资源管理策略的干预。通过阶段性地获取实验班教师登录学习平台的基本操作学习行为数据，在对获取的有效数据进行统计分析的基础上，呈现某个时间段一直没有登录学习平台、未选修课程、未参与必修课程学习的教师。针对分析结果，通过QQ社交软件、学习平台的私信或者小纸条的形式为教师提供学习时间提示，提醒其及时参与在线学习平台的学习。

（四）信息化教学设计提示

信息化教学设计提示主要实现对实验班教师在线学习认知策略的干预。通过为实验班教师提供信息技术与初中历史学科融合的教学设计提示框架，为其提供信息技术与课程深入融合教学设计的支架，加深实验班教师对所学内容的深入理解，帮助实验班教师更好地论证某种信息技术与历史教学融合的合理性和可行性，促进实验班教师将所学内容迁移到自己的教学实践，具体信息化教学设计提示框架见附录5。

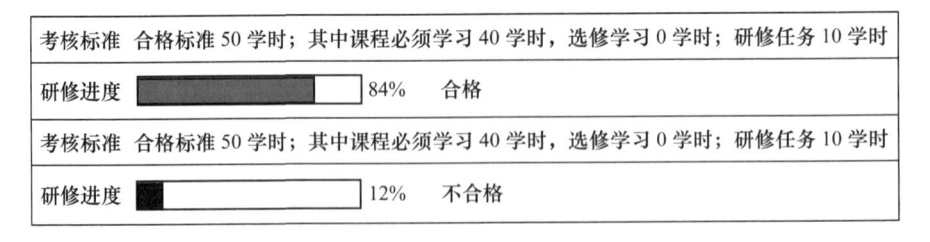

（五）学习进度可视化反馈

学习进度可视化反馈主要实现对实验班教师在线学习元认知策略的干预。通过计算数据日志中实验班教师完成必修课程与选修课程（学习者只有观看完某学时课程内容，完成课程所要求提交的作业，才能计为完成该必修或选修课程内容的学习）的数量总和与总体学时数的比值，实现对学习者学习进度的可视化反馈，如图5-6所示。

考核标准	合格标准50学时；其中课程必须学习40学时，选修学习0学时；研修任务10学时
研修进度	84% 合格
考核标准	合格标准50学时；其中课程必须学习40学时，选修学习0学时；研修任务10学时
研修进度	12% 不合格

图5-6 学习进度可视化反馈

图5-6呈现为两位不同教师学习进度可视化反馈图，通过进

度条和文字两种形式向实验班教师呈现其在线学习进度，帮助实验班教师一目了然地了解自己的学习进展情况。当然，进度条也可以采用不同的颜色，例如：当进度小于60%时用红色进度条表示，起到一定的警示作用，当学习进度大于60%表示学习达到了基本合格标准，用绿色进度条表示。通过这种学习进度可视化反馈能够帮助学习者随时监控自己的学习进程，及时调整在线学习行为。

（六）学习行为可视化反馈

学习行为可视化反馈主要实现对实验班教师在线学习元认知策略、在线学习动机以及在线学习自我效能的干预。通过对学习日志中实验班教师的认知理解学习行为数据（学习资源观看时间、完成必修课程学时数、完成选修课程学时数等）、交流互动学习行为数据（参与讨论区讨论、同伴作业互评等）以及问题解决学习行为数据（完成学习任务数、提交作业数等）进行获取、筛选以及结构化处理后，分别运用统计分析方法以及数据挖掘方法对学习行为数据进行分析，并将数据分析结果以可视化表格及图形的方式呈现，通过公告板、QQ、邮件等方式对实验班教师进行班级干预、小组干预以及个体干预。需要指出的是，数据的可视化呈现方式及图形样式可以根据呈现的具体内容进行选择，不局限于某一种形式。在此，仅列举执行与控制学习阶段部分实验班教师个体学习行为可视化反馈、组内各成员学习行为可视化反馈以及各小组学习行为可视化反馈。

图5-7采用表格形式呈现实验班某位教师的具体学习进展情况。图中可以清晰地看到该教师必修课程中每个专题课程的学习情况，包括某一专题课程学习内容是否完成，观看视频时长，该专题课程完成标准及完成情况等。背景为灰色部分表示已经完成专题课程学习内容，背景为白色表示未完成的专题课程学习内容。可见，图5-7九个专题课程中有两个已经完成，且观看视频时长分别为65分钟和75分钟，明显大于视频时长50分钟，该教师有可能对部

分感兴趣的视频进行了重复学习。通过有针对性地呈现个体学习进展可视化反馈，可以使实验班教师清楚地了解自己学习的详细状态。

考核类型	专题课程	课程类型	专题课程完成标准及完成情况															课程学时	完成状态	合格学时	完成学时
			视频时长(分钟)		主题讨论(次)		心得体会(个)		文档提交(篇)		视频提交(个)		评论(次)		互评(次)					
			标准	完成	标准	完成	标准	完成	标准	完成	标准	完成	标准	完成	标准	完成				
必修课程	刘延东在教育信息化启动仪式上的讲话	必修	50	65	0	0	0	0	0	0	0	0	1	2	0	0	2	已完成	40	4
	中小学信息技术应用能力培训课程标准解读	必修	50	75	0	0	0	0	0	0	0	0	3	3	0	0	2	已完成		
	信息技术引发的教育教学变革	必修	20	6	0	0	0	0	0	0	0	0	3	1	0	0	2	未完成		
	师德与教师专业标准	必修	30	0	0	0	0	0	0	0	0	0	2	0	0	0	2	未完成		
	信息道德与信息安全	必修	20	0	1	0	0	0	0	0	0	0	0	0	0	0	2	未完成		
	交互式电子白板的操作与使用	必修	15	0	0	0	0	0	0	0	0	0	3	0	0	0	3	未完成		
	多媒体演示文稿的设计与制作（高级）	必修	2	0	0	0	0	0	0	0	0	0	0	0	0	0	2	未完成		
	微信及其教育应用	必修	10	0	0	0	0	0	0	0	0	0	3	0	0	0	2	未完成		
	微课的设计与制作	必修	20	0	0	0	0	0	1	0	3	0	1	0	0	0	8	未完成		

图 5-7　实验班教师个体学习进展可视化反馈

图 5-8 采用雷达图的形式呈现第三周排名第一位小组成员的学习行为。从图 5-8 可以清晰看到小组内各成员均较好地参与学习活动，小组成员均有较好的交流互动及问题解决行为。其中，暴老师在本周交流互动行为较多，发表学习评论的数量为 9。小组内成员在上传视频、上传文档等较为复杂的问题解决行为方面也有较好的表现。例如，刘老师、暴老师、王老师、王老师等已经完成文档内容的上传任务，暴老师、刘老师、王老师等完成了视频的制作并上传到学习平台。

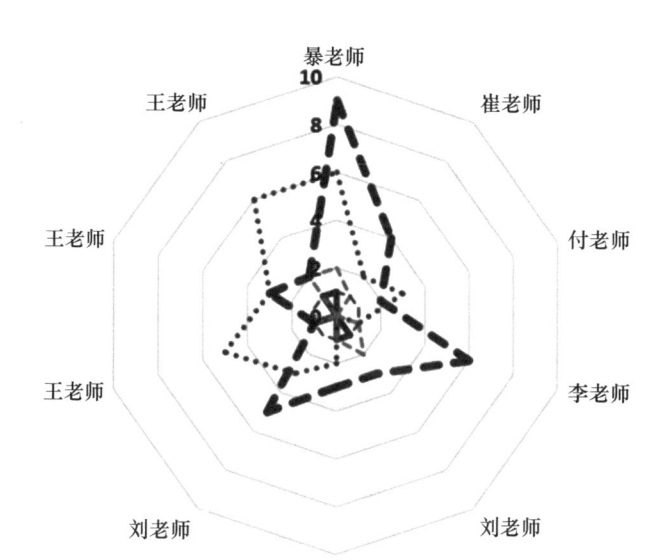

·····讨论数 ——上传视频数 ---上传文档数 ━━评论数 —·—心得体会数

图 5-8 第三周排名第一位的小组成员交流互动及问题解决行为可视化反馈

·····讨论数 ——上传视频数 ---上传文档数 ━━评论数 —·心得体会数

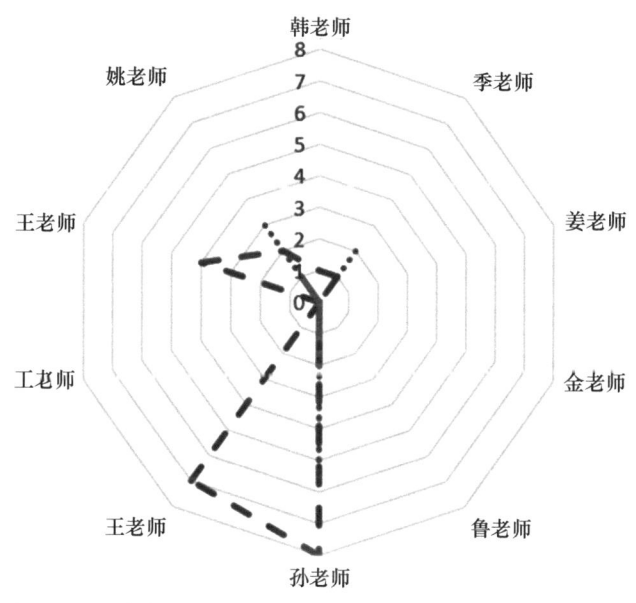

**图 5-9 第二周排名最后一位的小组成员交流互动及问题解决行为
可视化反馈**

图 5-9 为第三周排名最后一位小组成员的学习行为可视化反馈。与图 5-8 相比可以明显发现，该组内仅有小部分成员在个别学习活动中表现较为活跃，参与交流互动的学习行为相对较多，且主要体现在发表评论和讨论方面，问题解决行为基本没有，大部分成员截止到目前仍未参与本周的在线学习活动。

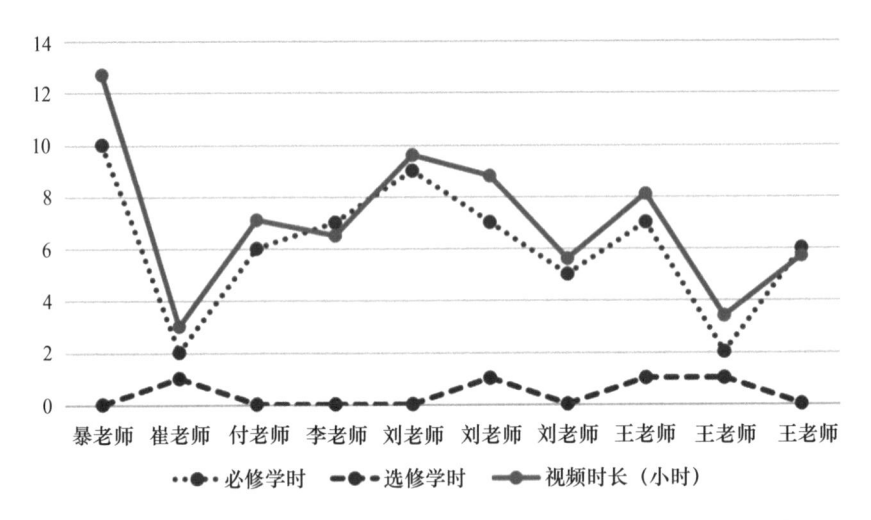

图 5-10 第三周排名第一位的小组成员认知理解学习行为可视化反馈

由图 5-10 可以发现，第三周排名第一位小组成员必修学时均在 2 小时以上，有 1 位成员的必修学时达到了 10 小时，6 位成员必修学时在 6 小时以上。而图 5-11 中，第三周排名最后一位小组有一半成员必修学时在 2 小时以内，其他成员必修学时在 2 小时至 5 小时之间。已有研究均表明只有保证一定学习时间的投入，才能取得好的学习效果。因此，必修学时长相对来说能更好地促进小组成员对专题课程学习内容地认知和理解，促进交流互动、问题解决等行为的发生，这与图 5-8 和图 5-9 呈现的内容也能够较好地相互印证。此外，从图 5-10 中可以发现大部分教师在完成必修学时的基础上，选修了自己感兴趣的课程，产生了一定数量的选修学时。这在一定程度上表明该组教师的在线学习动机较强，在线学习积极性较高。

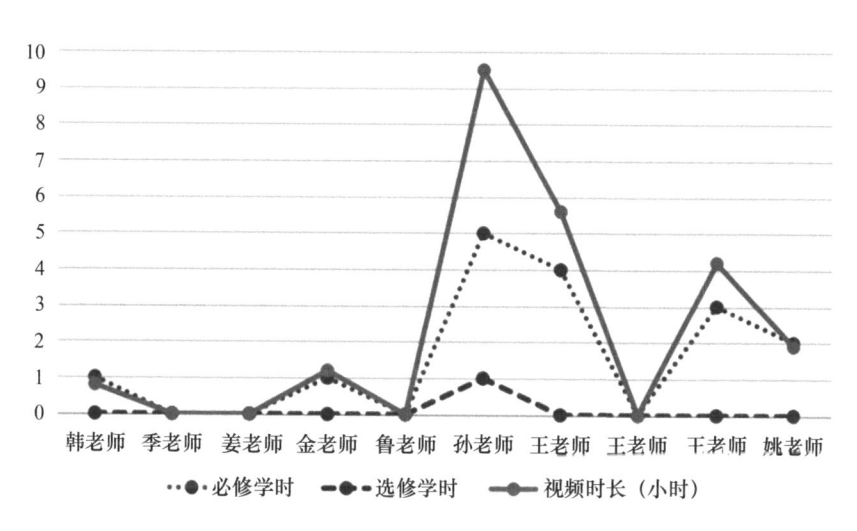

图 5 - 11　第三周排名最后一位的小组成员认知理解学习行为可视化反馈

图 5 - 12，图 5 - 13，图 5 - 14 为以小组为单位，各小组整体的学习行为分析可视化反馈。图 5 - 12 呈现第三周各小组成员在必修学时、选修学时所投入的学习时间，即应用于对专题课程内容认知理解的时间。其中，第四组的必修学时和视频时长均明显高于其他小组。图 5 - 13 呈现第二周各小组交流互动学习行为分析结果，主要包括各小组成员总体发布的针对学习内容的讨论数和对其他学习同伴作品的评论数。图 5 - 14 呈现第三周各小组问题解决学习行为分析结果，主要展示小组成员总体的学习产出情况，包括总体的上传视频数、上传文档数以及心得体会数。

通过定期提供图 5 - 7、图 5 - 8、图 5 - 9、图 5 - 10、图 5 - 11 小组内各成员学习行为可视化反馈以及图 5 - 12、图 5 - 13、图 5 - 14 各小组学习行为可视化反馈可以促进实验班教师及时了解自己的学习进展、学习同伴的学习进展，明确自己的学习状态在小组中所处的位置，以及自己的学习小组在全班所处的位置。通过学习行为对比促进实验班教师不断调整自己的学习节奏，增强集体荣誉感，提升在线学习自我效能，激发和维持在线学习动机。

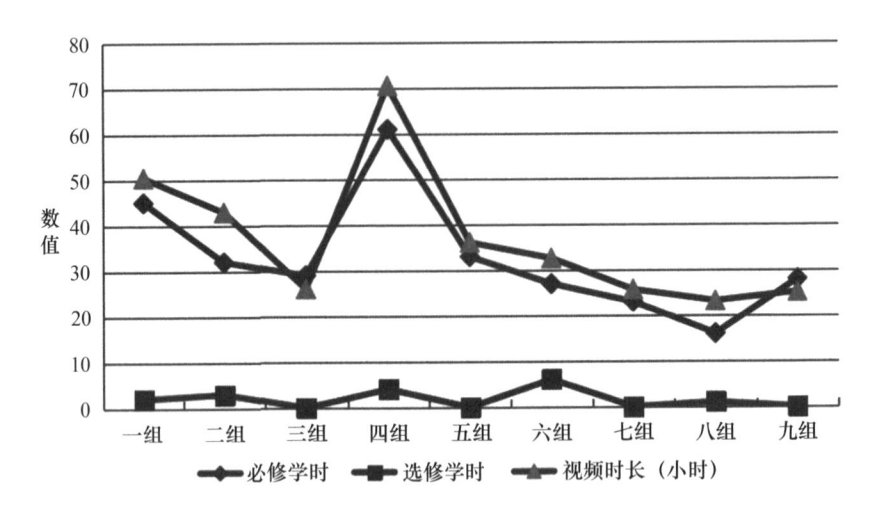

图 5-12　第三周各小组认知理解学习行为分析

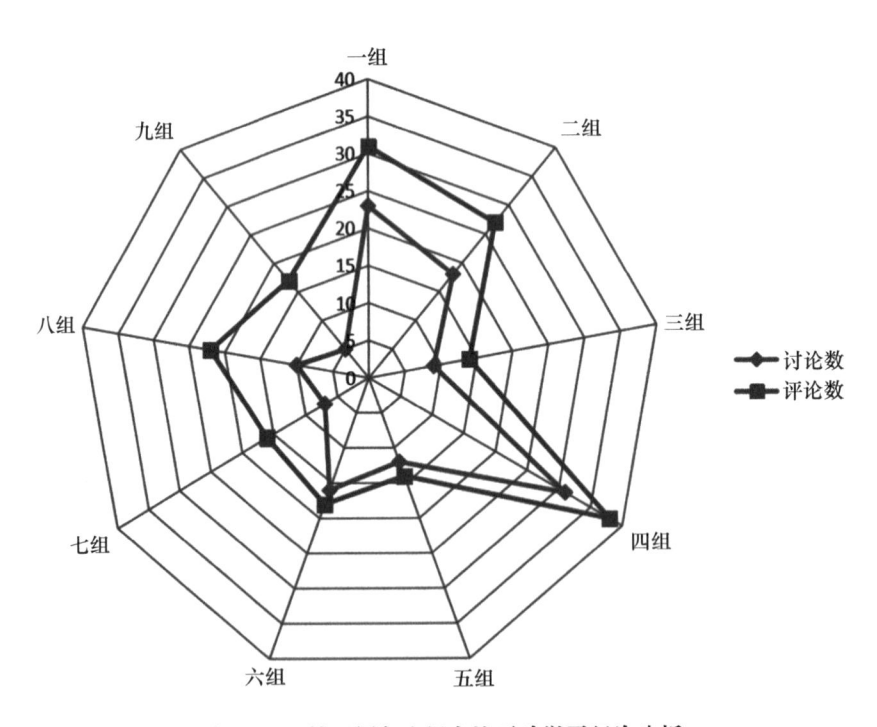

图 5-13　第三周各小组交流互动学习行为分析

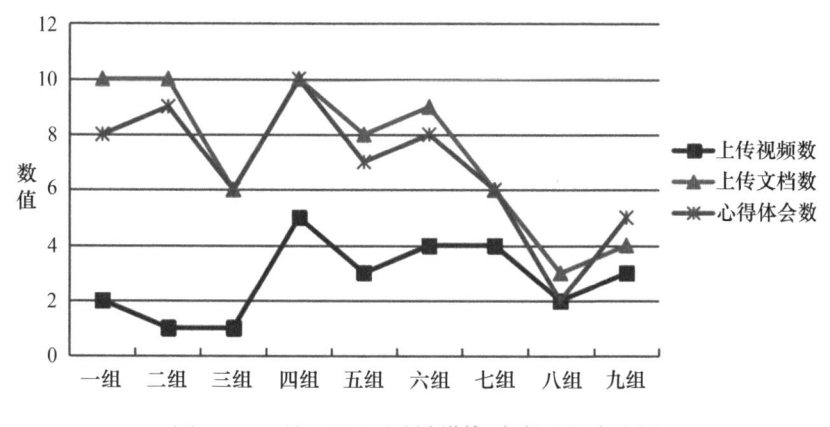

图 5-14　第三周各小组问题解决学习行为分析

此外，通过对实验班教师的学习行为数据分析以及用图表的形式将数据分析结果可视化呈现，进一步明确在某一阶段存在严重问题的学习者，确定后续学习过程中需要重点关注的对象，通过及时与之沟通以及为之提供有针对性的干预，帮助其改善学习行为，真正实现干预对象的精准定位，干预策略的及时有效。而且，数据分析结果的可视化呈现还可以使辅导教师准确地了解某一阶段表现较好的学习者，推荐其为学习榜样，使其在某一学习阶段成为他人学习的引领者和促进者。

(七) 学习评价反馈

学习评价反馈主要实现对实验班教师在线学习动机、在线学习自我效能、在线学习认知策略的干预。执行与控制阶段的学习评价反馈更多地关注对实验班教师提交作业、参与测试、提交学习日志等问题解决学习行为以及参加讨论、同伴互评等交流互动学习行为数据的收集，采用统计分析方法、内容分析法对学习行为的发生数量与质量进行分析，为实验班教师提供合理恰当的学习评价反馈。同时，鼓励实验班教师通过对他人的学习成果进行评价、点赞，及引导学习同伴之间进行深层次交流互动，促进知识共享。图 5-15

为辅导教师提供的学习评价反馈。

提交人	专家推荐状态	我的推荐状态	是否关注	是否批阅	成绩	点击/评论	操作	
娄＊＊	否	点击推荐	点击关注	否		0/0	赞 0	批阅
王＊＊	否	点击推荐	点击关注	是	合格	0/0	赞 0	批阅
高＊＊	否	点击推荐	点击关注	是	合格	0/0	赞 0	批阅
张＊＊	否	点击推荐	点击关注	是	良好	0/1	赞 0	批阅
刘＊＊	否	点击推荐	点击关注	是	优秀	0/0	赞 0	批阅

图 5-15 辅导教师提供的学习评价反馈

（八）推荐学习同伴

推荐学习同伴主要实现对学习者在线学习资源管理策略、在线学习动机的干预。本阶段推荐学习同伴的方式与计划与准备阶段稍有不同。计划与准备阶段主要通过分析实验班教师个人基本信息，将相同或者相近地区的学习者分为一组，推荐学习伙伴以组内成员为主，主要目的是帮助实验班教师快速进入学习状态，减轻学习孤独感，融入学习集体。而本阶段推荐学习伙伴将打破小组的限制，为实验班教师推荐小组外甚至本班级之外的学习者作为学习伙伴，主要通过对学习者所选修的课程资源进行分析，将选择相同或者相似课程资源的学习者互相推荐，实验班教师可以通过在学习平台中加关注的形式与本班级或者班级以外的学习者成为互助学习同伴，相互交流沟通、相互学习借鉴，分享集体智慧。

（九）推荐学习资源

推荐学习资源主要实现对学习者在线学习资源管理策略、在线学习认知策略的干预。通过获取实验班教师基本信息数据以及提交作业、参与测试、提交学习日志等问题解决学习行为以及参加讨论、同伴互评等交流互动学习行为数据，利用统计分析方法、内容分析法进行分析的基础上，有针对性地为实验班教师推荐选修学习资源，建议学习者优先选学。例如：在本次学习中，通过对讨论区留言内容进行分析，了解到某些教师对信息技术工具掌握不好，则优先为之推荐技术素养类的选修课程；而对信息技术在初中历史教学中应用有困难的学习者，则推荐其优先选择专题类的选修课程及案例课程；针对部分村镇学习者所在学校硬件设施的特点，则充分利用本地资源，有针对性地选择 C 市每年评选出的优秀信息技术与课程融合案例供有需求的教师选学。在本次在线学习过程中，为部分教师推荐了三位历史教师所做信息与课程融合的优秀课程案例，分别为：初中历史八年级上册《星星之火，可以燎原》，初中历史七年级上册《三国鼎立》《汉通西域和丝绸之路》。同时，对于实验班教师在学习过程中的生成性学习资源（信息化教学设计、案例、微课等），辅导教师通过对内容进行分析，选择优秀的生成性资源推荐给其他的学习者。

（十）推荐学习活动

推荐学习活动主要实现对学习者在线学习动机、在线学习认知策略的干预。通过阶段性地对测试、完成作业等问题解决学习行为数据的统计分析以及对学习平台讨论区留言内容进行文本分析，获得学习者在某阶段所遇到的共性问题。然后，在每周五晚上 19 点利用 QQ 群的形式开展疑难问题解答，并针对学习者提出的问题进行实时解答，对于个别教师学习上存在的问题，辅导教师通过 QQ 单独与之交流、沟通、了解情况，帮助其及时发现问题，解决问题。

（十一）推荐学习榜样

推荐学习榜样主要实现对实验班教师在线学习自我效能、在线学习动机的干预。辅导教师每周依据实验班教师学习行为的可视化反馈结果，客观地从多个维度进行综合分析，推选出在不同方面表现突出的学习者作为学习榜样，可视化呈现榜样的学习轨迹、选择的学习资源、参与的学习活动等，使其成为班级其他学习者学习的引领者和示范者。

加光荣榜

姓名	身份	光荣	添加时间	操作
朱丽晶	学生	是	……	上榜　撤销
赵剑	学生	否	……	上榜　撤销
张丽菊	学生	否	……	上榜　撤销
翟玉红	学生	否	……	上榜　撤销
王婷婷	学生	否	……	上榜　撤销
王丹丹	学生	否	……	上榜　撤销
宋桂龄	学生	是	……	上榜　撤销
赵春玲	学生	否	……	上榜　撤销
张玉梅	学生	否	……	上榜　撤销
张莹	学生	否	……	上榜　撤销

图 5-16　推荐学习榜样

图 5-16 为辅导教师在对本周实验班教师学习行为数据进行综合分析的基础上，推荐学习榜样。在推荐好学习榜样后，辅导教师会将榜样学习情况展示给实验班全体教师，如图 5-17 所示。其他学习者可以了解到本周学习榜样参与在线学习的详细学习情况，例如总学习时间、论坛发帖总数、论坛精华帖数、参与活动数等。

姓名	宋老师	用户名	20160919
未登录天数	4	联系方式	＊＊＊＊＊＊＊
学科	初中历史	班级	
总学习时间（分钟）	1413	日志/被推荐	1/0
文章/被推荐	0/0	已读简报数	3
已观看专家视频答疑回放数	3	信息技术应用成果/被推荐/被评论/被批阅	1/0/0/1
学习日志/被推荐/被评论/被批阅	1/0/0/1	评论总数	35
论坛帖子总数	12	论坛发帖总数	12
论坛回帖总数	6	论坛精华帖数	3
论坛置顶帖数	0	论坛被赞总数	0
社区帖子数据	0	总成绩	97
发起活动数	0	参与活动数	2

图 5-17　榜样学习情况展示

（十二）推荐学习工具

推荐学习工具主要实现对学习者在线学习资源管理策略的干预，为学习者推荐学习平台具有的学习笔记、书签、视频标注等工具，并向学习者告知学习平台所提供某些工具的具体特点，对学习具有哪些促进作用，促进学习者充分利用这些工具辅助学习。

三 评价与反思阶段干预策略

评价与反思阶段是在线自我调节学习的后期，但同样是非常重要的阶段，在此阶段学习者要对自己的学习成果进行梳理，对自己的学习结果进行自我评价，反思自己整个学习过程中的闪光点以及存在的问题，并进行正确归因，为今后将所学知识应用到具体的初中历史教学实践中做好准备。在这个阶段重点对实验班教师在线学习动机、在线学习认知策略、在线学习元认知策略、在线学习资源管理策略进行干预。

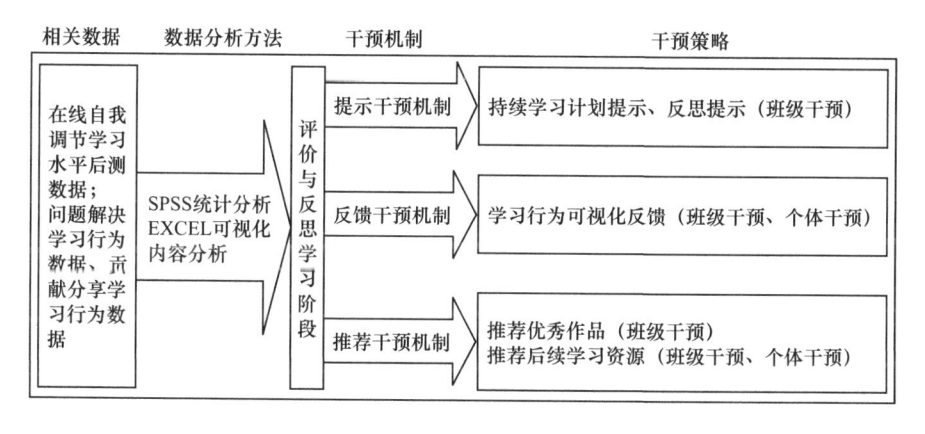

图 5-18 评价与反思阶段干预策略

在评价与反思阶段，主要对实验班教师在线自我调节学习水平后测数据、问题解决学习行为数据、贡献分享学习行为数据运用统计分析方法以及内容分析法进行分析,依据分析结果设计干预策略。本阶段为实验班教师提供在线自我调节学习干预策略主要有:持续学习计划提示、反思提示、学习行为可视化反馈、推荐优秀学习作品、推荐后续学习资源等干预策略。其中,持续学习计划提示、反思提示属于提示干预机制范畴;学习行为可视化反馈属于反馈干预机制范畴;推荐优秀学习作品、推荐后续学习资源属于推荐干预机制范畴,如图5-18所示。

(一) 持续学习计划提示

持续学习计划提示主要实现对在线学习动机、在线学习元认知策略的干预。教师信息技术应用能力是一个持续发展的过程。一方面,信息技术与学科教学有效融合是一个不断学习和实践的过程。另一方面,信息技术的发展飞速,每一个时期都会涌现出新的技术,都要涉及新技术在教学中的运用,优化教学效果。因此,跟上时代发展的步伐,不断地更新知识,提升自己的信息技术应用能力,同样需要学习者持久努力并一直学习、探索。同时,教师的主阵地在课堂,信息技术能力提升的最终目标是运用信息技术优化课堂教学,转变教学方式。教师如何将所学内容迁移到教学实践,实现学习成果的转化非常重要,提供的持续学习计划提示是对教师将所学内容顺利迁移到历史教学实践的一种指引,也是教师新一轮自我调节学习的开始,具体持续学习计划见附录6。

(二) 反思提示

反思提示主要是实现对学习者在线学习认知策略、在线学习元认知策略的干预。主要使学习者对自己整体学习过程进行反思,反思自己最初设定的学习目标是否实现,参与本次学习的总体收获,对自己的学习过程是否满意,学习过程中遇到哪些问题,有哪些不足,为什么会出现这些问题及不足等。目的是在对自己学习进行积极肯定的基础上,引导学习者对自己学习过程中存在的问题进行正确归因。整体学习过程反思提示见附录7。

（三）学习行为可视化反馈

本阶段学习行为可视化反馈主要实现对学习者在线学习动机、在线学习自我效能的干预。主要通过对学习平台的基本操作学习行为、认知理解学习行为、交流互动学习行为、问题解决学习行为、贡献分享学习行为进行整体性的综合分析，并将分析结果呈现给学习者，使他们感受到自己在线学习的历程，付出的努力，取得的成绩。同时，也使学习者更加明确地了解自己的学习过程，帮助学习者客观地审视和评价自己的学习。

（四）推荐优秀作品

推荐优秀作品主要实现对学习者在线学习动机的干预。通过对在线学习平台上学习同伴之间的互评、辅导教师评价以及学习者自我评价数据进行统计分析并排序，然后由辅导教师对学习作品进行内容分析，将内容较有启发性和示范性的作品选为优秀学习作品。主要通过采取统计分析与内容分析相结合的方式客观地将一些学习者的优秀学习作品推荐出来与班级的全体成员分享。并依据地方教育行政部门的文件规定，推荐优秀作品参加教育行政部门举办的信息技术与课程融合作品大赛，进一步调动学习者的学习积极性，通过教学行政部门的重视，使学习者更加深刻地意识到信息技术在优化中小学课堂教学、转变教学方式方面的重要性。

（五）推荐后续学习资源

推荐后续学习资源主要实现对学习者在线学习资源管理策略、在线学习认知策略的干预。通过对学习者整体学习行为数据的分析，对本次学习过程中学习效果不是特别好或者有需求的学习者提供有针对性的后续学习资源，包括历史学科教师学习网站、视频案例资源、书籍等。

此外，值得注意的是实证研究过程中通过对相关学习数据分析，依据数据分析结果所设计的系列干预策略在针对实验班教师在线自我调节学习能力唤醒和提升时，会对在线自我调节学习的各要素产生辐射效应，重点针对某一要素的干预策略很可能会惠及对其他在线自我调节学习要素的改善。比如，对在线学习动机的干预策略可能会对在线学习自我效能、在线学习元认知策略也有积极的影响。

第四节　实证研究实施

本书中实证研究共持续 12 周，参与学习初中历史教师的学习内容主要包括综合类、技术素养类、专题类三种类型课程。本次在线学习要求学习者至少要完成 40 学时必修学习任务和至少 10 学时选修学习任务。

一　实证研究实施的基本模式

本书实证环节的具体实施采用实验班与对照班前测和后测对比的设计模式，如表 5-2 所示。实验班和对照班教师学习的必修课程内容以及可供选择的选修课程内容完全相同。具体必修课程内容以及可供选修的课程内容见附录 8、附录 9。

表 5-2　　　　　　　实证研究实施的基本模式

	前测	干预策略	后测
实验班	Q1，Q2，Q3	X	Q4，Q5，Q6
对照班	Q1，Q2，Q3	- - -	Q4，Q5，Q6

其中，实验班与对照班前测 Q1 指教师在线自我调节学习前测。Q2 指第二周学习结束后，实验班与对照班教师提交的第一次学习反思日志。Q3 指在学习初期，实验班与对照班教师提交的初中历

史学科信息技术与课程融合教学设计。Q4 指学习结束后，教师在线自我调节学习后测。Q5 指学习结束后，实验班与对照班教师提交的最后一次学习反思日志。Q6 指在学习最后，实验班与对照班教师提交的初中历史学科信息技术与课程融合教学设计。

二 实施干预的具体过程

在实证研究中，在线自我调节学习干预策略贯穿于学习过程的始终，实施干预的具体过程，如表 5-3 所示。其中前两周为计划与准备学习阶段，此阶段实验班和对照班教师进入学习平台后，首先完成学习前测，然后为接下来的学习做好准备工作，包括熟悉和掌握在线学习平台的功能，了解本次学习对自己专业能力提升的作用，选择学习资源。实验班教师需要在干预策略的指引下做好详细的学习计划，并提交到学习平台，对照班教师不需要提交学习计划；第三周至第十周为执行与监控阶段，实验班教师按照自己的学习计划参与学习，包括观看在线视频讲座、在论坛中与学习同伴进行讨论交流、参与辅导答疑、写学习反思日志、完成作业、完成测试等。同时，此阶段辅导教师会不断依据对实验班教师上一周学习数据的分析结果，对本周提供的干预策略进行修正及调整。对照班教师根据自己的步调参与学习，每周写学习日志，但辅导教师不就日志内容进行具体提示以及评价反馈，仅是告知已收到学习日志，没有为其提供其他的学习干预策略，仅仅提供疑难问题解答；最后两周为评价与反思阶段，实验班与对照班教师均对自己的学习成果进行整理展示，对自己的学习过程进行评价和反思，同时要完成在线自我调节学习后测，提交一份对学习过程的整体学习反思，提交一份相对成熟的信息技术与历史课程融合教学设计。实验班教师还需要完成在线自我调节学习干预策略满意度调查问卷。

表 5-3　　　　　　　　　　　实施干预的具体过程

阶段	时间安排	数据收集	数据分析	干预策略
计划与准备阶段	第1周至第2周	在线自我调节学习水平前测数据；反思日志；信息技术与课程融合教学设计前测；学习行为数据	统计分析 内容分析	推荐学习活动：YY语音活动——在线自我调节学习能力培养与训练
				推荐学习资源：在线学习平台功能介绍
				在线学习平台操作指南
				在线学习资源概览
				在线学习交流工具及应用方法
				在线学习评价量规
				推荐学习伙伴
				学习计划提示
				学习评价反馈
执行与控制阶段	第3周至第6周	学习行为数据；反思日志	统计分析 内容分析	元认知自我提问提示
				学习时间提示
				学习日志提示
				学习进度可视化反馈
				学习行为可视化反馈
				学习评价反馈
				推荐学习榜样
				推荐学习工具
				推荐学习活动：实时QQ答疑活动
	第7周至第10周	学习行为数据；反思日志	统计分析 内容分析	元认知自我提问提示
				学习时间提示
				学习日志提示
				学习进度可视化反馈
				学习行为可视化反馈
				学习评价反馈
				推荐学习榜样
				推荐学习活动：实时QQ答疑活动
				推荐优秀学习案例

续表

阶段	时间安排	数据收集	数据分析	干预策略
评价与反思阶段	第11周至第12周	在线自我调节学习水平后测数据；反思日志；信息技术与课程融合教学设计后测；学习行为数据	统计分析 内容分析	推荐优秀学习作品
				推荐后续学习资源
				持续学习计划提示
				反思提示
				整体学习行为可视化反馈

第 六 章

实证数据收集与分析

第一节 实证数据收集与处理

一 实证数据收集

在十二周的实证研究中,本书采用问卷调查、在线学习行为数据跟踪、反思日志内容分析、访谈等多种方法从不同维度获取实验班教师和对照班教师在线学习的量化数据和质化数据,以深入分析本书所设计的在线自我调节学习干预策略对实验班教师在线自我调节能力、学习效果的影响。具体收集的数据主要包括:

(一) 调查数据

本书中所涉及的调查数据主要包含两种:一种为实验班和对照班教师在线自我调节学习水平调查数据,另一种为实验班教师对在线自我调节学习干预策略满意度的调查数据。问卷的发放和回收主要通过网络的方式进行。在计划与准备阶段收集到的实验班和对照班教师在线自我调节学习水平调查数据作为实证的前测数据,用来与在学习结束时收集的在线自我调节学习水平后测数据进行对比分析,从学习者的个人感知方面考量本书所设计的干预策略对实验班教师在线自我调节学习的影响。而满意度问卷数据主要是用来考察实验班教师在学习过程中,对本书所提供的在线自我调节学习干预策略的满意度。

（二）学习反思日志数据

本书主要获取实验班和对照班教师第一次和最后一次提交到学习平台上的学习反思日志，运用内容分析法对学习者第一次提交的反思日志与最后一次提交的反思日志进行分析，目的在于从在线自我调节学习反思事件角度，确定实验班与对照班教师在线自我调节学习的基线水平，以及经过12周的在线自我调节学习干预后，实验班与对照班教师在线自我调节学习水平的变化情况。

（三）学习作品数据

为了便于研究的开展，本书选取相对较为直观的信息技术与课程融合教学设计来表征学习者的学习效果。分别从学习平台获取实验班与对照班教师在学习初期和学习结束时在线提交的初中历史学科信息技术与课程深度融合的教学设计，通过对教学设计作品进行内容分析，从质化方面了解经过近3个月的在线学习，实验班和对照班教师信息技术与历史学科课程融合方面的教学设计能力变化。

（四）在线学习行为数据

本书对实验班和对照班教师的学习行为数据进行实时跟踪，利用J省教师在线研修平台的数据日志功能对学习者学习登录次数、连续登录天数、视频观看情况、讨论发帖情况、作业提交、学习作品互评、学习资源选学数量等学习行为进行分析，数据分析结果一方面为实验班教师设计干预策略提供依据，另一方面用来客观地验证实验班和对照班教师的学习参与度以及学习深度。

（五）访谈数据

本书主要通过面对面访谈以及在线访谈的形式了解所设计的在线自我调节学习干预策略对学习者学习行为、学习状态以及学习效果的影响。

二 实证数据处理

对于收集到的数据，本书在对数据进行结构化处理后，依据研究的具体目的，主要采用统计分析法和内容分析法对数据进行分析，验证在线自我调节学习干预效果。

（一）统计分析方法

在本书中，对获取的实验班和对照班教师在线自我调节学习水平调查数据、在线自我调节学习干预策略满意度调查数据以及从学习平台导出的学习者学习行为数据主要通过统计分析方法进行分析。对于收集到的调查数据删除填答不完整的条目、所有选项答案相同的条目后，对有效数据采用独立样本 T 检验、配对样本 T 检验、相关分析等统计分析方法进行分析。对实验班以及对照班教师在线学习前与在线学习后的相关数据进行差异分析，主要考察实验班和对照班教师在线自我调节学习感知水平变化。相关分析的目的是了解实验班和对照班教师在线自我调节学习水平与学习效果是否有相关性。而对于学习平台导出的实验班和对照班教师在线学习行为数据，则利用描述性统计分析的方法进行分析，旨在进一步明确在学习过程中，实验班与对照班教师学习行为的差别。

（二）内容分析方法

对实验班和对照班教师在学习初期、后期在学习平台发表的反思日志以及提交的教学设计采用内容分析方法进行分析。内容分析法是经验社会科学研究中发展起来的一种文本分析方法，本质上是一种编码操作，本书依据编码原则和编码标准对获取的文本信息进行编码，最终得到量化结果，因此内容分析连接了形式化的统计分析和对内容的定性分析。在内容分析过程中，编码标准很重要，制订的编码标准要依据坚实的理论基础，同时编码标准要具有可操作性强的特点。对文本内容的分析包括对显性内容的编码和对隐性内容的编码。Bauer M. W. 等人在研究中归纳了内容分析中几种常见的记录单位：物理单元、语法单元、命题单元、语义单元。① 其中，前三种为显性内容编码，而最后一种语义单元为隐性内容编码。本书中，主要关注对反思日志及教学设计的隐性内容编码。

1. 基于反思日志的内容分析

在学习前两周为计划与准备学习阶段，对学习者在线自我调节学习干预主要体现在帮助学习者分析学习任务、明确学习目标、制订学习计划、适应学习环境，快速进入学习状态。因此，在前两周学习者对在线学习的反思可以作为学习者在线自我调节学习反思的基线水平。学习者在学习结束时提交的在线学习反思，可以代表经过学习干预后，学习者在线自我调节学习的反思水平。对学习者两次在线学习反思日志存在差异的分析，可以从质性方面说明在线自我调节学习的干预策略对学习者在线自我调节学习能力的影响。总的来说，主要从以下两个方面作出分析：第一，学习者在线自我调节学习整体反思水平的变化；第二，学习者在线自我调节学习反思各维度行为事件出现频率的变化。

（1）编码工具与方法

在分析学习者前后两次反思日志时，以篇章为编码单位，编码表的制订综合参考阿泽维多·罗杰等人在2004年设计的自我调节学习过程编码表②，以及谢罗·格雷戈里和丹尼森·瑞恩在1994年描述的自我调节学习认知索引表，③并在此基础上制订本实证研究所需要的在线自我调节学习反思日志编码规则，如表6-1所示。

---

① Bauer M. W., Gaskell G., "Towards a Paradigm for Research on Social Representations", *Journal for the Theory of Social Behaviour*, Vol. 29, No. 2, 1999, pp. 163–186.

② Azevedo R., Cromley J. G., "Does Training on Self-regulated Learning Facilitate Students' Learning with Hypermedia?" *Journal of Educational Psychology*, Vol. 96, No. 3, 2004, p. 523.

③ Schraw G., Dennison R. S., "Assessing Metacognitive Awareness", *Contemporary Educational Psychology*, Vol. 19, No. 4, 1994, pp. 460–475.

表6-1　　　　　　　在线自我调节学习反思日志编码规则

事件	编码规则
计划	P（Plan）：有对学习目标、学习任务、学习时间等学习计划要素的描述。
监控	M（Monitoring）：有关于了解自己的学习进度、学习行为，学习任务完成情况方面的描述。
调节	D（Debugging）：有对自己学习过程中学习投入、时间分配、求助、学习策略、选修学习资源，遇到疑难问题进行解决方面的描述。
评估	E（Evaluation）：有关于对自己学习收获、学习目标达成度，以及所学内容对教学工作帮助方面的描述。

依据表6-1在线自我调节学习反思日志编码规则，将学习者提交的反思日志文本内容按照计划、监控、调节和评估四类事件进行编码。因此，教师的每份反思日志都会体现4个编码。其中，每类事件中，按照表述内容划分为有效单元事件，一个有效单元事件计为1分。例如，在计划维度，有关于对学习目标的描述则计1分，有关于对学习任务的描述计1分，有关于对学习时间安排的描述计1分，如果无编码表中所描述的有效单元事件则计为0分，也就是说每个维度编码最高为3分，最低为0分。

（2）编码的效度与信度

在线自我调节学习反思日志编码表的编码维度主要来源于谢罗·格雷戈里和丹尼森·瑞恩在1994年描述的自我调节学习认知索引表，编码规则描述重点参考阿泽维多·罗杰等人在2004年设计的自我调节学习编码表，并在此基础上作了适应教师在线自我调节学习的相关修改，这在一定程度上保证了编码表的结构效度。同时，为了更好地保证编码表的内容效度，对于编码的四类事件和具体描述咨询了三位教学专家。其中，两位从事教育心理测量与评价研究的教授，一位对教育科学研究方法有深入研究的教师，请他们帮助考察编码规则表述的准确性，并进行改善，最后形成了表6-1

所示的在线自我调节学习反思日志编码规则。

本书的编码工作由笔者及一位从事教师教育的一线教师共同完成。在编码前，首先对另一位编码教师进行培训，使其熟悉编码规则，然后两位编码员共同对 10 份反思日志进行编码，对于意见不一致的编码通过协商达成共识，最后由两位编码员分别严格按照编码表进行独立编码。比较编码一致性的方法是依据 Miles 和 Huberman 提出的编码信度计算公式，即编码信度 = 一致编码的数目/所有编码的数目，比值越高，则信度越高。在线自我调节学习反思日志各类事件编码一致性系数如表 6 - 2 所示。可见，编码员的编码具有较高的可信度。

表6-2　在线自我调节学习反思日志各类事件编码一致性系数

事件	编码员一致性系数（%）
计划	92.3
监控	89.1
调节	87.5
评估	90.7

2. 基于学习作品的内容分析

对教学设计的文本内容进行分析也可以称为作品分析法。作品分析是内容分析法的一种，作品分析法继承了内容分析法的精髓，更加立足于现实的教育实践，作品分析法是对研究对象的各种作品，如学习笔记、作业、日记、文章等进行分析研究，了解情况，发现问题，把握特点和规律的分析方法。通过这种方法，可以了解作品所属个体的知识、技能、技巧、对事物的态度、智力、能力水平等。作品分析法的一般步骤为：确定研究目的→获取作品→设计量化工具→信度检测→数据分类汇总→描述分析结果。在本书中，主要对学习初期以及学习结束时，实验班和对照班教师提交的信息技术与课程融合教学设计进行对比分析，验证经过 12 周学习干预后，实验班和对照班教师信息技术与课程融合教学设计能力的变化。

(1) 量化工具与方法

对学习者的教学设计进行内容分析同样采用以篇章为编码单位。本书通过咨询初中历史学科专家以及信息技术方面的专家，重点分析中国 2014 年 5 月颁布的《中小学教师信息技术应用能力标准（试行）》从技术素养、计划与准备、组织与管理、评价与诊断等方面对教师信息技术应用能力提出的具体要求[1]，采用李秉德在教学设计与教学论一文中划分的教学构成要素，对学习者提交的教学设计内容进行分类与量化评价[2]。最终所设计的信息技术与课程融合教学设计水平量化标准如表 6-3 所示。

表 6-3　　信息技术与课程融合教学设计水平量化标准

水平维度	评价标准		
	优	良	一般
选题 (15)	选题能很好地体现信息技术与课程融合的优势，技术是教学设计成功不可或缺的因素。	选题能体现信息技术与课程融合的优势，技术很重要但并非不可或缺。	选题不能体现信息技术与课程融合的优势，技术所起的作用不明显。
教学目标 (15)	教学目标具体明确，符合课程标准的要求，切合学生实际。	对教学目标进行了界定，基本符合课程标准和学生实际情况。	学习目标不明确或与学习主题相关性不大，不能适应不同学习者的要求。
学习者特征分析 (5)	对学生的认知特征、起点水平和情感态度、信息技术技能等描述准确。	描述部分学生的特征信息。	对学生特征信息的相关描述较少且不清楚。

---

[1] 祝智庭、闫寒冰：《中小学教师信息技术应用能力标准（试行）解读》，《电化教育研究》2015 年第 9 期。

[2] 李秉德：《"教学设计"与教学论》，《电化教育研究》2000 年第 10 期。

续表

水平维度	评价标准		
	优	良	一般
教学过程（30）	信息化教学过程设计能有效实现学习目标，教学方法恰当，信息技术解决教学问题的契合点准确。	信息化教学过程设计基本实现学习目标，教学方法恰当，信息技术基本起到解决教学问题的作用。	信息化教学过程设计没能有效落实教学目标，信息技术没能起到解决教学问题的作用。
资源、工具（15）	合理选择和使用资源促进教与学。综合多种媒体的优势，有效应用信息技术。	为学生提供了学习资源，但部分环节技术的优势并不明显。	滥用技术，资源和工具的运用不恰当，不能发挥必需的作用。
评价（15）	依据学习目标有十分明确的评价标准，注重形成性评价，提供了明确的评价工具。	有评价标准、评价工具，但不明确。	无评价标准。
可实施性（5）	教学设计方案可复制性强，对其他教师有参考性。	教学设计方案具有可复制性，但其他教师需要作一些修改才能实施	教学设计方案不具有可复制性。

其中，选题、教学目标、资源、工具以及评价四个维度的赋分标准为：优为 13—15 分（包含 13 和 15），良为 10—13 分（包含 10），一般为 0—9 分（包含 0 和 9）；学习者特征分析与可实施性的赋分标准为：优为 5 分，良为 4 分，一般为 0—3 分（包含 0 和 3）；教学过程的赋分标准为：优为 27—30 分（包含 27 和 30），良为 19—27 分（包含 19），一般为 0—18 分（包含 0 和 18）。

（2）量化工具的效度与信度

本书所设计的信息技术与课程融合教学设计水平量化标准参考中国 2014 年 5 月颁布的《中小学教师信息技术应用能力标准（试行）》的通知，综合考虑在技术素养、计划与准备、组织与管理、评价与诊断等方面对教师能力要求，采用李秉德教授在《"教学设计"与教学论》一文中划分的教学构成要素对教学设计内容进行分类与量化评价。同时，为了保证量化的内容效度，对于每个维度的具体描述向三位教学专家进行了咨询，其中一位是从事信息技术与课程整合研究的教授，另外两位为初中历史学科的教研员，请他们帮助考察量化标准表述的准确性，最后形成了表6－3所示的信息技术与课程整合教学设计水平量化标准。

本书关于教学设计的量化工作由两位在信息技术与历史学科教学融合方面有丰富实践经验的初中历史骨干教师完成。在编码前首先对两位编码员进行培训，使其熟悉编码规则的具体含义，两位编码员共同对10份教学设计进行编码，对于意见不一致的编码通过协商达成共识，然后由两位编码员严格按照信息技术与课程整合教学设计水平量化标准进行独立编码，最后每一份教学设计的最终得分取两位编码员各自量化分数的平均分。

以上描述了本实证研究对相关数据的处理方法，利用以上数据处理方法，本书将具体研究问题与数据分析方法进行细化，如表6－4所示。

表6－4　　　　　　具体研究问题与数据分析方法

研究问题	问题验证维度	数据收集	数据分析
教师在线自我调节学习水平是否有变化？	·教师在线自我调节学习感知水平是否有差异？	·在线自我调节学习问卷	·统计分析
	·教师在线自我调节学习反思行为事件是否有差异？	·反思日志	·内容分析
	·教师在线自我调节学习行为是否有差异？	·学习平台日志数据	·统计分析
教师在线学习绩效水平是否有变化？	·信息技术应用能力是否有变化？	·信息技术与课程融合教学设计	·作品分析

续表

研究问题	问题验证维度	数据收集	数据分析
教师在线自我调节学习能力是否与学习绩效有相关性？	・个人感知在线自我调节学习各要素水平与学习绩效水平的相关性？ ・基于反思事件的在线自我调节学习水平与学习绩效水平的相关性？	・在线自我调节学习问卷 ・信息技术与课程融合教学设计	・相关分析
教师对所提供在线自我调节学习干预策略的满意度及其具体感受如何？	・对所提供干预策略的整体感受如何？ ・对所设计系列提示干预策略的评价如何？ ・对所设计系列反馈干预策略的评价如何？ ・对所设计系列推荐干预策略的评价如何？	・在线自我调节学习干预策略满意度调查问卷 ・访谈	・统计分析 ・话语分析

第二节　实证数据分析

主要通过对实验班和对照班教师在线自我调节学习水平前后测数据、在线学习行为数据、在线自我调节学习满意度问卷数据进行分析并结合对部分实验班教师进行访谈，从教师在线自我调节学习感知水平、在线自我调节学习反思事件、在线学习效果、在线自我调节学习水平与学习效果相关性、在线学习行为、在线学习感受以及实验班教师对所提供干预策略满意度等方面进行综合分析，多角度交叉印证教师在线自我调节学习干预效果。

一　教师在线自我调节学习水平变化分析

（一）实验班与对照班教师在线自我调节学习感知水平变化

为了了解本书所设计在线自我调节学习干预策略对教师在线自我调节学习能力的影响，本书首先考察实验班与对照班教师在线自我调节学习感知水平的变化。

本书在获取实验班和对照班教师填答的在线自我调节学习水平前测与后测数据的基础上，结合对实验班和对照班教师在线学习行为数据的分析，发现实验班92位教师中，有7位教师没有提交学习计划，没有提交学习日志以及学习反思，有3位教师没有参加在线自我调节学习后测，因此删除以上10位教师的数据后，实验班最后参与数据分析的前测以及后测有效数据为82条。对照班96位教师中有1位教师没有参与在线自我调节学习前测，4位教师在学习结束时没有提交学习反思，2位教师没有参加在线自我调节学习后测，所以删除7位教师的数据后，对照班最后参与分析的前测及后测有效数据为89条。

  本书将实验班和对照班教师填答的有效在线自我调节学习前测数据和后测数据分别进行独立样本T检验分析，数据分析结果如表6-5所示。可见，在本次教师信息技术能力提升在线学习初期，实验班和对照班教师在线自我调节学习总体感知水平以及在线学习自我效能、在线学习动机、在线学习元认知策略、在线学习元认知策略以及在线学习资源管理策略方面均无显著差异。在学习后期，实验班教师在线自我调节学习总体感知水平以及在线学习自我效能、在线学习认知策略、在线学习元认知策略、在线学习资源管理策略方面与对照班教师在0.001水平上呈现显著差异，且实验班教师在线自我调节学习总体水平以及以上四个分要素的感知水平要明显高于对照班级教师，而在线学习动机方面数据分析结果显示实验班与对照班教师无显著差异。

  为了能够更加明确地呈现实验班和对照班教师在线自我调节学习及各要素的变化程度，本书对获取的实验班与对照班教师在线自我调节学习前后测有效调查数据分别进行了配对样本T检验，各维度要素均值的描述性分析以及差异分析结果如表6-6所示。表6-6呈现了实验班与对照班教师在学习前后，在线自我调节学习总体感知水平及各维度要素感知水平均值的变化。获取的问卷数据

表6-5 实验班对照班教师在线自我调节学习感知水平前后测数据独立样本 T 检验

		方差方程的 Levene 检验		均值方程的 t 检验						
		F	Sig.	t	df	Sig.（双测）	均值差值	标准误差值	差分的95%置信区间	
									下限	上限
在线自我调节学习实验班与对照班前测	假设方差相等	5.443	0.021	-0.725	169	0.469	-0.04666	0.06433	-0.17366	0.08034
	假设方差不相等			-0.730	167.973	0.466	-0.04666	0.06391	-0.17284	0.07952
在线学习自我效能实验班与对照班前测	假设方差相等	5.044	0.026	-1.209	169	0.228	-0.15398	0.12735	-0.40537	0.09742
	假设方差不相等			-1.212	168.901	0.227	-0.15398	0.12704	-0.40477	0.09682
在线学习动机实验班与对照班前测	假设方差相等	6.333	0.013	-1.251	169	0.213	-0.12924	0.10334	-0.33325	0.07476
	假设方差不相等			-1.272	151.189	0.205	-0.12924	0.10158	-0.32994	0.07145
在线学习认知策略实验班与对照班前测	假设方差相等	6.045	0.015	-0.740	169	0.460	-0.07181	0.09706	-0.26342	0.11979
	假设方差不相等			-0.732	150.404	0.466	-0.07181	0.09815	-0.26575	0.12212
在线学习元认知策略实验班与对照班前测	假设方差相等	8.605	0.004	-1.220	169	0.224	-0.12368	0.10135	-0.32375	0.07639
	假设方差不相等			-1.231	166.142	0.220	-0.12368	0.10047	-0.32204	0.07467

续表

		方差方程的 Levene 检验		均值方程的 t 检验						
		F	Sig.	t	df	Sig.（双侧）	均值差值	标准误差值	差分的95%置信区间	
									下限	上限
在线学习资源管理策略实验班与对照班前测	假设方差相等	0.025	0.874	0.125	169	0.900	0.01593	0.12708	-0.23493	0.26679
	假设方差不相等			0.125	161.407	0.901	0.01593	0.12779	-0.23642	0.26828
在线自我调节学习实验班与对照班后测	假设方差相等	0.103	0.748	7.689	169	0.000	0.61623	0.08015	0.45801	0.77445
	假设方差不相等			7.702	168.729	0.000	0.61623	0.08001	0.45828	0.77417
在线学习自我效能实验班与对照班后测	假设方差相等	16.600	0.000	4.711	169	0.000	0.87229	0.18517	0.50675	1.23783
	假设方差不相等			4.622	131.132	0.000	0.87229	0.18874	0.49892	1.24566
在线学习动机实验班与对照班后测	假设方差相等	0.646	0.423	0.688	169	0.492	0.10681	0.15525	-0.19966	0.41329
	假设方差不相等			0.687	167.068	0.493	0.10681	0.15541	-0.20001	0.41363
在线学习认知策略实验班与对照班后测	假设方差相等	1.272	0.261	5.164	169	0.000	0.58835	0.11393	0.36345	0.81325
	假设方差不相等			5.205	166.931	0.000	0.58835	0.11303	0.36521	0.81150

续表

		方差方程的 Levene 检验		均值方程的 t 检验					差分的 95% 置信区间	
		F	Sig.	t	df	Sig.（双侧）	均值差值	标准误差值	下限	上限
在线学习元认知策略实验班与对照班后测	假设方差相等	2.483	0.117	6.439	169	0.000	0.76852	0.11936	0.53289	1.00415
	假设方差不相等			6.504	164.584	0.000	0.76852	0.11817	0.53520	1.00184
在线学习资源管理策略实验班与对照班后测	假设方差相等	28.486	0.000	5.142	169	0.000	0.74515	0.14490	0.45910	1.03121
	假设方差不相等			5.239	147.707	0.000	0.74515	0.14222	0.46410	1.02620

注：*P<0.05，**P<0.01，***P<0.001。

中，1代表非常不同意，2代表不同意，3代表有点不同意，4代表一般，5代表有点同意，6代表同意，7代表非常同意，即得分越高表示教师在线自我调节学习感知程度越好。

表6-6 实验班与对照班教师在线自我调节学习感知水平前后测数据配对样本T检验结果

	(有干预)实验班(N=82)					(无干预)对照班(N=89)				
	前测		后测		P	前测		后测		P
	M	S.D	M	S.D		M	S.D	M	S.D	
在线自我调节学习	4.26	0.384	5.12	0.512	0.000***	4.31	0.451	4.50	0.541	0.003**
在线学习自我效能	3.63	0.806	4.96	1.478	0.000***	3.79	0.855	4.09	0.894	0.021*
在线学习动机	5.05	0.510	5.31	1.027	0.048*	5.18	0.797	5.21	1.001	0.835
在线学习认知策略	4.30	0.719	4.98	0.666	0.000***	4.37	0.543	4.39	0.809	0.801
在线学习元认知策略	4.03	0.585	5.09	0.675	0.000***	4.15	0.726	4.32	0.865	0.101
在线学习资源管理策略	4.29	0.887	5.25	0.693	0.000***	4.27	0.774	4.50	0.1.131	0.079

注：*P<0.05，**P<0.01，***P<0.001。

数据分析结果显示实验班教师在线自我调节学习整体感知水平以及在线学习自我效能、在线学习认知策略、在线学习元认知策略、在线学习资源管理策略方面的前后测数据均呈现出在0.001水平上显著差异，后测数据比前测数据均有不同程度的提升。实验班教师的在线学习动机前后测数据在0.05水平上呈现显著差异，后测数据显示实验班教师在线学习动机的个人感知水平有小幅度的提升。而对照班教师仅在线自我调节学习整体感知水平和在线学习自我效能维度分别在 0.01 和 0.05 水平上呈现显著差异，后测数据高于前测数据，但增幅不大。对照班教师在线学习动机、在线学习认知策略、在线学习元认知策略以及在线学习资源管理策略四个要素的前后测数据均无显著差异。具体变化的直观图如图 6-1 所示。因此，从教师在线自我调节学习个人感知水平上分析来看，经过 12 周的学习干预后，虽然实验班和对照班教师在线自我调节学习感知水平均有所提升，但实验班教师的提升幅度显著高于对照班教师。因此，总体假设以及假设 1 成立。

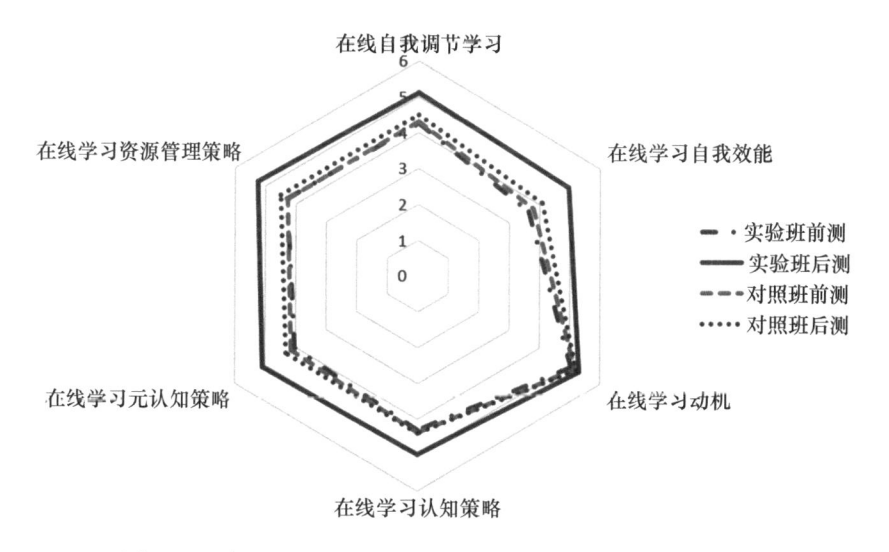

图 6-1　实验班与对照班教师在线自我调节学习感知水平变化

（二）实验班与对照班教师在线自我调节学习反思事件变化

在学习过程中，实验班教师除了在第二周需要提交学习反思外，第三周到第十周每周仍然需要写学习反思日志，对自己一周的学习进行总结，辅导教师有针对性地提供学习反思日志提示，并给予及时的学习评价反馈，在第十二周完成一份总体学习反思。而对照班级教师在第二周到第十二周每周同样需要提交学习反思日志，

表6-7　实验班与对照班教师在线自我调节学习反思事件前后测数据独立样本 T 检验

		方差方程的 Levene 检验		均值方程的 t 检验					差分的95%置信区间	
		F	Sig.	t	df	Sig.（双侧）	均值差值	标准误差值	下限	上限
计划前测	假设方差相等	0.003	0.958	0.415	169	0.679	0.034	0.081	-0.126	0.193
	假设方差不相等			0.415	168.460	0.679	0.034	0.081	-0.126	0.193
监控前测	假设方差相等	3.944	0.049	-0.826	169	0.410	-0.055	0.066	-0.186	0.076
	假设方差不相等			-0.831	168.258	0.407	-0.055	0.066	-0.185	0.076
调节前测	假设方差相等	0.931	0.336	-0.352	169	0.726	-0.027	0.076	-0.177	0.123
	假设方差不相等			-0.353	168.955	0.725	-0.027	0.076	-0.176	0.123
评价前测	假设方差相等	2.017	0.157	0.705	169	0.482	0.036	0.051	-0.065	0.138
	假设方差不相等			0.709	168.742	0.479	0.036	0.051	-0.065	0.137
计划后测	假设方差相等	28.002	0.000	5.262	169	0.000	0.410	0.078	0.256	0.564
	假设方差不相等			5.276	168.952	0.000	0.410	0.078	0.257	0.563
监控后测	假设方差相等	0.382	0.537	11.814	169	0.000	0.949	0.080	0.790	1.107
	假设方差不相等			11.748	161.371	0.000	0.949	0.081	0.789	1.108
调节后测	假设方差相等	1.364	0.244	9.019	169	0.000	0.786	0.087	0.614	0.958
	假设方差不相等			9.015	167.555	0.000	0.786	0.087	0.614	0.958
评价后测	假设方差相等	2.437	0.120	10.397	169	0.000	0.737	0.071	0.597	0.876
	假设方差不相等			10.394	167.657	0.000	0.737	0.071	0.597	0.876

注：*P<0.05，**P<0.01，***P<0.001。

但辅导教师不就日志内容进行具体提示以及评价反馈，仅是告知已收到学习者的学习反思日志。

本书对实验班与对照班教师第一次和最后一次提交的学习反思日志内容依据编码规则进行量化，并对前后两次量化数据分别进行独立样本 T 检验以及配对样本 T 检验，目的是进一步了解实验班和对照班教师在线自我调节学习反思行为变化情况，独立样本 T 检验结果如表 6-7 所示。

通过对表 6-7 分析可以发现，实验班和对照班教师学习反思事件前测数据独立样本 T 检验结果显示在计划、监控、调节以及评价四个维度方面，实验班教师与对照班教师均无显著差异。而实验班与对照班教师学习反思事件后测数据独立样本 T 检验分析结果显示实验班教师在学习计划、监控、调节以及评价四个方面的反思事件上与对照班教师均在 0.001 水平上存在显著差异。

为了能够更加明确地呈现实验班和对照班教师在线自我调节学习反思事件的细节变化程度，本书对实验班与对照班教师前后两次的反思日志量化数据分别进行配对样本 T 检验，各维度均值的描述性分析以及实验班和对照班教师前后测的差异分析结果如表 6-8 所示。

表 6-8 呈现的数据说明，实验班教师反思事件的前后测数据在 0.001 水平上存在显著差异，无论是对学习的计划、监控、调节还是评价，实验班教师均有不同程度的提升。而对照班教师仅在调节和评价两个维度事件上在 0.0011 水平上存在显著差异，调节维度由初始的 1.26 提升到 1.49，评价维度由初始的 1.85 提升到 2.06，以上两个维度的提升幅度远小于实验班教师的提升幅度，而计划与监控两个维度学习反思事件前后测数据并无显著差异。具体变化的趋势如图 6-2 所示。因此，从教师在线自我调节学习反思事件角度分析可以发现，经过 12 周的学习干预后，实验班教师在线自我调节学习的反思事件与对照班教师呈现显著差异，实验班教

师在线自我调节学习反思行为明显好于对照班教师,进一步验证了总体假设和假设1的成立。

表6-8　　　实验班与对照班教师在线自我调节学习
反思事件前后测配对样本 T 检验

	(有干预)实验班(N=82)					(无干预)对照班(N=89)				
	前测		后测		P	前测		后测		P
	M	S.D	M	S.D		M	S.D	M	S.D	
计划	1.43	0.522	1.93	0.378	0.000***	1.39	0.532	1.52	0.522	0.073
监控	1.16	0.400	2.21	0.408	0.000***	1.21	0.461	1.26	0.486	0.515
调节	1.23	0.479	2.28	0.452	0.000***	1.26	0.509	1.49	0.563	0.001**
评价	1.89	0.315	2.79	0.408	0.000***	1.85	0.353	2.06	0.459	0.001**

注:*P<0.05,**P<0.01,***P<0.001。

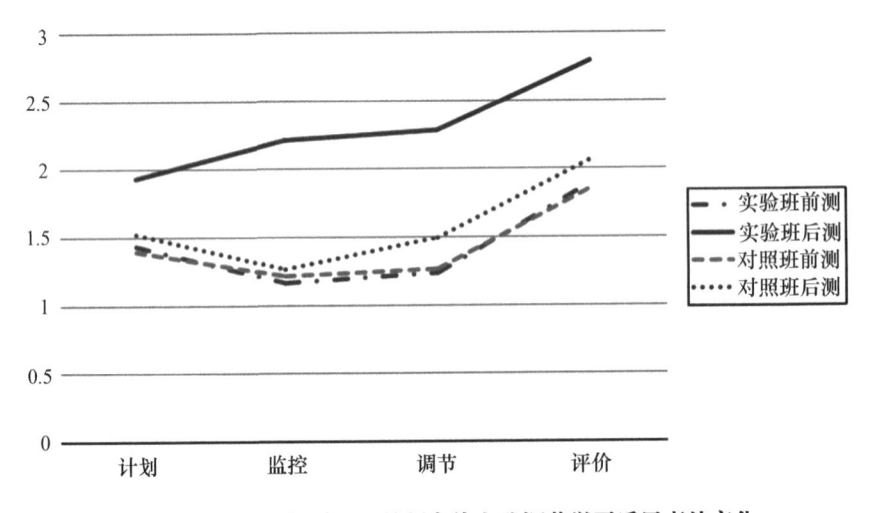

图6-2　实验班与对照班教师在线自我调节学习反思事件变化

二　教师在线学习效果分析

本书将学习之初,实验班和对照班教师提交的信息技术与历史学科融合的教学设计作为学习者在进行学习前信息技术应用能力的初始水平,将其与学习结束时实验班和对照班教师提交的信息技术

表6-9 实验班与对照班教师教学设计量化数据前后测独立样本 T 检验

<table>
<tr><th rowspan="3"></th><th colspan="2">方差方程的 Levene 检验</th><th colspan="5">均值方程的 t 检验</th></tr>
<tr><th rowspan="2">F</th><th rowspan="2">Sig.</th><th rowspan="2">t</th><th rowspan="2">df</th><th rowspan="2">Sig. (双侧)</th><th rowspan="2">均值差值</th><th rowspan="2">标准误差值</th><th colspan="2">差分的95%置信区间</th></tr>
<tr><th>下限</th><th>上限</th></tr>
<tr><td>实验班与对照班教师教学设计前测成绩 假设方差相等</td><td>0.031</td><td>0.041</td><td>1.955</td><td>169</td><td>0.052</td><td>1.24468</td><td>0.63659</td><td>-0.01200</td><td>2.50137</td></tr>
<tr><td>假设方差不相等</td><td></td><td></td><td>1.953</td><td>167.112</td><td>0.052</td><td>1.24468</td><td>0.63721</td><td>-0.01334</td><td>2.50271</td></tr>
<tr><td>实验班与对照班教师教学设计后测成绩 假设方差相等</td><td>3.843</td><td>0.032</td><td>3.756</td><td>169</td><td>0.000</td><td>3.00478</td><td>0.80002</td><td>1.42546</td><td>4.58410</td></tr>
<tr><td>假设方差不相等</td><td></td><td></td><td>3.782</td><td>167.821</td><td>0.000</td><td>3.00478</td><td>0.79460</td><td>1.43609</td><td>4.57347</td></tr>
</table>

注：$*P<0.05$，$**P<0.01$，$***P<0.001$。

与课程融合的教学设计进行对比分析,进而考量在线学习效果变化。本书首先将实验班教师与对照班教师提交的信息技术与课程融合教师设计量化结果进行独立样本 T 检验分析,分析结果如表6-9所示。

通过对表6-9分析可以发现,学习初期实验班与对照班教师的信息技术与课程融合教学设计得分无显著差异。经过12周的学习后,实验班教师与对照班教师的信息技术与课程融合教学设计得分在0.001水平上呈现显著差异。

为了能够更加明确地呈现实验班和对照班教师信息技术与课程融合教学设计能力变化程度,本书对实验班与对照班教师前后两次提交的信息技术与课程融合教学设计量化数据分别进行了配对样本 T 检验,各维度均值的描述性分析以及实验班与对照班教师前后测数据的差异分析结果,如表6-10所示。

表6-10　　实验班与对照班教师教学设计前后测分数配对样本 T 检验结果分析

	(有干预)实验班(N=82)				P	(无干预)对照班(N=89)				P
	前测		后测			前测		后测		
	M	S.D	M	S.D		M	S.D	M	S.D	
教学设计	68.91	4.210	81.10	4.759	0.000***	67.67	4.111	78.09	5.623	0.000***

注:*P<0.05,**P<0.01,***P<0.001。

表6-10数据分析结果显示,经过12周的学习干预后,实验班和对照班教师信息技术与课程融合教学设计前后测得分在0.001水平上存在显著差异,两个班级教师信息技术与课程融合教学设计水平均有显著提升。但实验班教师信息技术与课程融合教学设计水平的提升幅度要明显高于对照班教师。这在一定程度上可以验证实验班教师的在线学习效果相对较好,假设2成立。

此外,通过分析两个班级教师提交的信息技术与课程融合教学设计发现，实验班教师提交的教学设计中，有 8 位教师提交的教学设计是利用微课进行翻转课堂教学的教学设计，而对照班有 3 位教师提交的是利用微课进行探究教学的教学设计。这表明教师信息技术能力提升项目学习，在促进教师利用信息技术优化课程教学的同时，也在一定程度上促进教师教学方式的转变。

三 教师在线自我调节学习感知水平与学习效果相关分析

在前面的研究中，本书分析了实验班与对照班教师在线自我调节学习感知水平的变化、在线自我调节学习反思事件变化，以及在线学习效果变化。为了进一步分析实验班与对照班教师在线自我调节学习水平与学习效果的相关性，本书将两个班级教师在线自我调节学习感知水平数据以及在线自我调节学习反思事件量化数据分别与在线学习后期教师的信息技术与课程融合教学设计水平数据进行相关分析。

（一）实验班和对照班教师在线自我调节学习感知水平与教学设计相关分析

为了了解教师的在线学习效果与在线自我调节学习能力是否有相关性，本书首先将实验班与对照班教师在线自我调节学习感知水平后测数据与教师信息技术与课程融合教学设计水平后测数据进行相关分析，相关分析结果如表 6-11 所示。

表 6-11　　实验班与对照班教师在线自我调节学习感知水平与教学设计成绩相关分析

	在线自我调节学习	在线学习自我效能	在线学习动机	在线学习认知策略	在线学习元认知策略	在线学习资源管理策略
实验班后测教学设计得分	0.625**	0.287**	0.419**	0.388**	0.404**	0.331**
对照班后测教学设计得分	0.397**	0.144*	0.162*	0.191*	0.298**	0.315**

注：*表示在 0.05 水平（双侧）上显著相关，**表示在 0.01 水平（双侧）上显著相关。

表6-11的相关分析结果显示实验班后测教学设计得分与在线自我调节学习总体感知水平以及各分要素感知水平均在0.01水平上呈现显著正相关，相关系数分别为0.625**、0.287**、0.419**、0.388**、0.404**、0.331**。而对照班后测教学设计得分与在线自我调节学习总体感知水平以及在线学习元认知策略、在线学习资源管理策略两个维度在0.01水平上呈现的显著正相关，相关系数分别为0.397**、0.298**、0.315**，与在线学习自我效能、在线学习动机、在线学习认知策略三个维度要素在0.05水平上呈现显著相关性。且实验班教师在线自我调节学习水平及各要素与学习效果的相关性系数高于对照班教师，研究假设3成立。

（二）实验班和对照班教师在线自我调节学习反思事件与教学设计成绩效果相关分析

本书尝试将实验班与对照班教师在学习后提交在线自我调节学习反思量化数据与教师信息技术与课程融合教学设计得分后测数据进行相关分析，相关分析的结果如表6-12所示。

表6-12 实验班和对照班教师在线自我调节学习反思事件与教学设计成绩相关分析

	计划	监控	调节	评价
实验班后测教学设计得分	0.451**	0.432**	0.532**	0.259**
对照班后测教学设计得分	0.045	0.232*	0.259*	0.145

注：*在0.05水平（双侧）上显著相关，**在0.01水平（双侧）上显著相关。

表6-12的相关分析结果显示，实验班后测教学设计得分与在线自我调节学习反思的计划、监控、调节以及评价事件均在0.01水平呈现显著正相关，相关系数分别为0.451**、0.432**、0.532**、0.259**。而对照班后测教学设计得分与在线自我调节学习反思的监控、调节事件在0.05水平呈现显著正相关，相关系数分别为0.232、0.259，而对照班后测教学设计得分与在线自调

节学习反思事件的计划与评价维度无显著相关性，且实验班教师在线自我调节学习反思事件的监控与调节两个维度与在线学习效果的相关系数显著高于对照班教师。

以上数据分析的结果，进一步印证了教师在线自我调节学习与学习效果具有正相关性，且实验班教师学习效果与在线自我调节学习水平的相关性强于对照班教师。

四 教师在线学习行为分析

为了印证本书所设计的在线自我调节学习干预对实验班教师学习的促进作用，本书又重点关注实验班与对照班教师在线具体学习行为的差别。研究者将每周从学习平台导出的日志数据进行分类统计，分别从必修课程内容学习时间分布、选修课程数量、学习交流互动频率、生成性学习资源数量等方面进行描述性统计分析，了解和分析实验班与对照班教师学习行为的不同特点。

（一）实验班与对照班教师必修课程学习投入时间对比分析

在本次在线学习过程中，两个班级教师均要完成中小学信息技术应用能力培训课程标准解读、信息技术引发的教育教学变革、信息道德与信息安全、交互式电子白板的操作与使用、多媒体演示文稿的设计与制作（高级）、微信及其教育应用、微课的设计与制作、技术支持的课堂导入、技术支持的课堂讲授、简易多媒体环境下的初中历史教学、交互多媒体环境下的初中历史教学、信息技术支持下的教与学策略等共40学时的必修课程。通过每周从学习平台导出数据日志进行分析发现，实验班教师完成所有必修课程所运用的平均时间为47.3学时，明显高于对照班教师完成的必修学时数所运用的平均时间42.8学时。而对实验班教师的访谈结果也发现，有部分教师认为某些必修课程内容很好，对教学很有帮助，因此会反复多次学习这些课程。实验班和对照班教师平均每人每周必修课程平均学习时间分布，如图6-3所示。

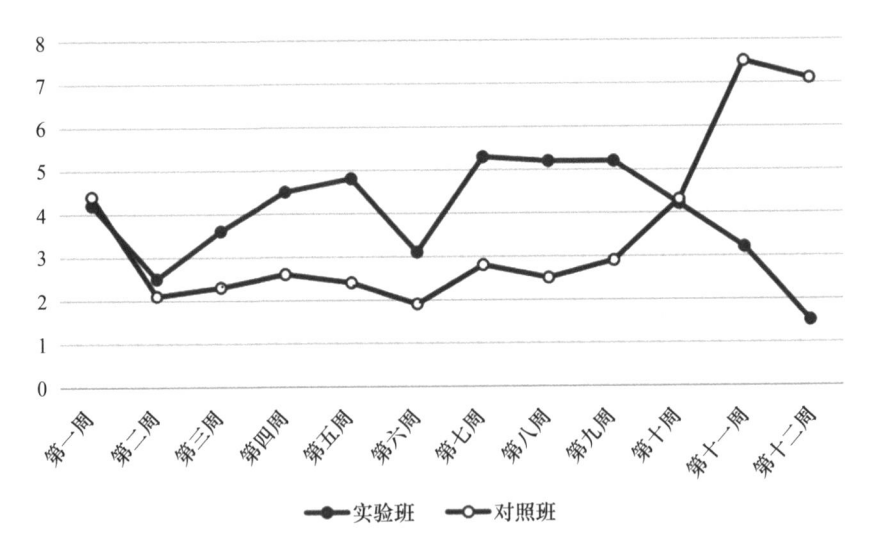

图 6-3 实验班与对照班教师平均每人每周必修课程学习投入时间对比分析

由此可见，实验班和对照班教师在学习的第一周平均学习时间基本一致，从第二周到第十周实验班教师每人每周平均学习时间要明显高于对照班教师的平均学习时间，而从第十周开始，对照班每人每周的平均学习时间开始明显上升，而实验班教师的平均学习时间则有所下降。通过分析实验班和对照班教师学习时间分配的趋势可以发现，实验班教师的学习体现为更具有计划性，每周的平均学习时间较为规律，随着学习进入后期，大部分学习内容已经完成，学习者的学习时间相对较少。而对照班教师从第十周开始周平均学习时间陡然上升，表明对照班中有大部分教师在学习时间截止之前，为了完成学习而在赶进度。这也进一步验证了本书的假设1。

此外，在学习的第二周和第六周，实验班与对照班教师的周平均学习时间均有所下降，通过分析及与部分教师进行访谈发现，第二周为十一国庆假期，在放假期间大家的学习时间相对较少。而第六周基本为各个学校期中考试时间，大部分教师由于监考和批卷等工作任务较大，所以导致在第六周平均学习时间相对较低。

（二）实验班与对照班教师选修课程数量对比分析

实验班和对照班教师除了要完成 40 学时的必修课程之外，还要选择至少 10 学时的选修课程。实验班与对照班教师选修课程数量的对比分析结果，如图 6-4 所示。可见，实验班与对照班教师均超额完成选修学时数，而实验班教师平均完成 18.28 学时的选修课程，对照班教师平均完成 13.59 学时，通过对两个班级教师平均选修学时数的分析可以发现，在一定程度上实验班教师的学习积极性要高于对照班教师。同时，通过对选修课程资源的分析发现，73% 的实验班教师选修了辅导教师推荐的学习资源，可见，实验班教师对辅导教师推荐的资源有较好的接受度。

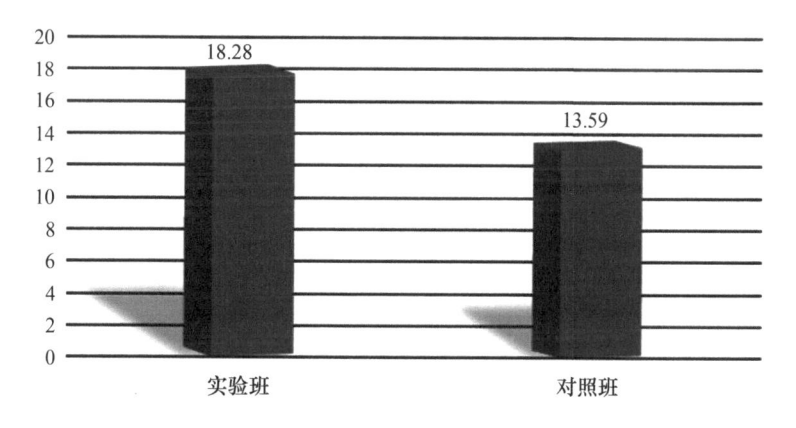

图 6-4 实验班与对照班教师选修课程数量对比分析

（二）实验班与对照班教师参与学习互动情况对比分析

在学习过程中，学习者在学习平台上与学习同伴、学习辅导教师交流互动的频率，以及对其他学习同伴提交作品的评论对学习者的学习有较好的促进作用。因此，通过对最后学习平台导出的总体日志数据进行分析，将学习过程中实验班与对照班教师每人的平均发帖数量以及实验班与对照班教师每人平均评价学习同伴作品的数量进行对比分析，以了解实验班与对照班教师在学习过程中参与学习互动情况的差异，具体分析结果如图6-5、图6-6所示。

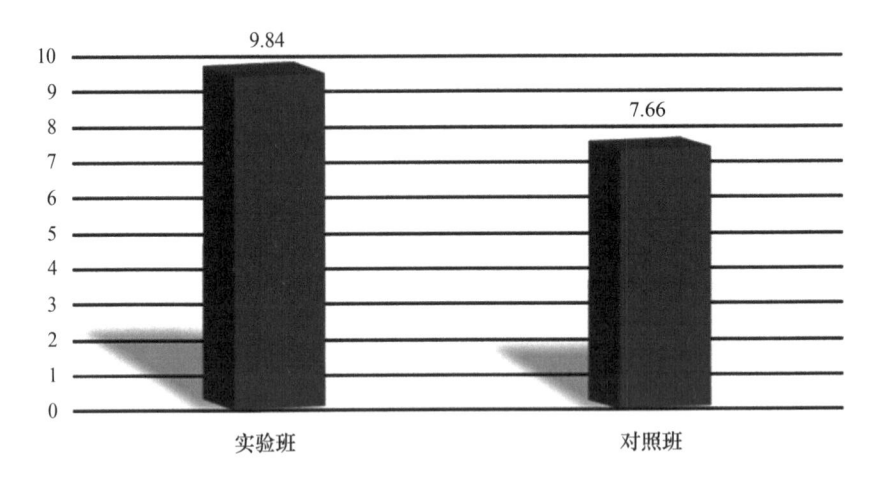

图6-5 实验班与对照班教师平均发帖数量对比

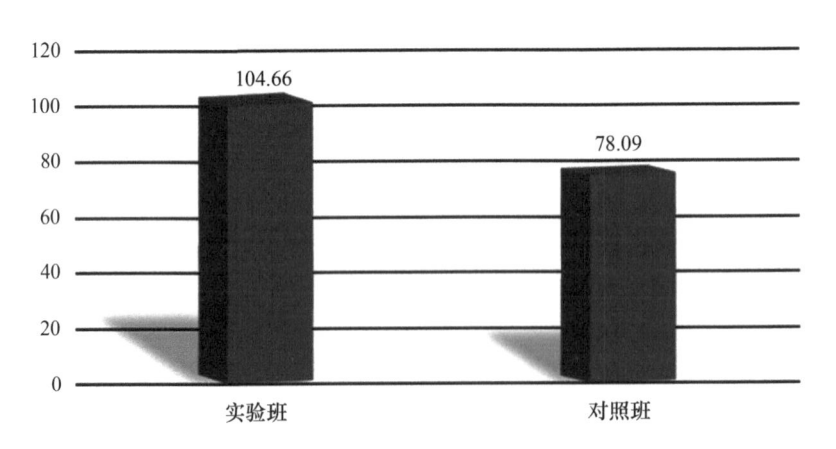

图6-6 实验班与对照班教师评论同伴学习作品数量对比

图6-5表明在学习过程中，实验班教师参与交流讨论的频率要明显高于对照班级教师，图6-6表明实验班教师对同伴学习作品的平均评论数量也明显高于对照班。以上分析结果在一定程度上表明实验班教师的学习参与度要明显高于对照班。

（四）实验班与对照班教师生成性学习资源对比分析

在学习过程中，学习者可以将自己制作的课件、微视频、教学设计、课堂实录、学习体会等上传到学习平台作为学习者的生成性资源。在学习结束后，从平台导出实验班与对照班教师的问题解决学习行为数据以及贡献分享学习行为数据进行统计分析，分析结果如图6-7所示。

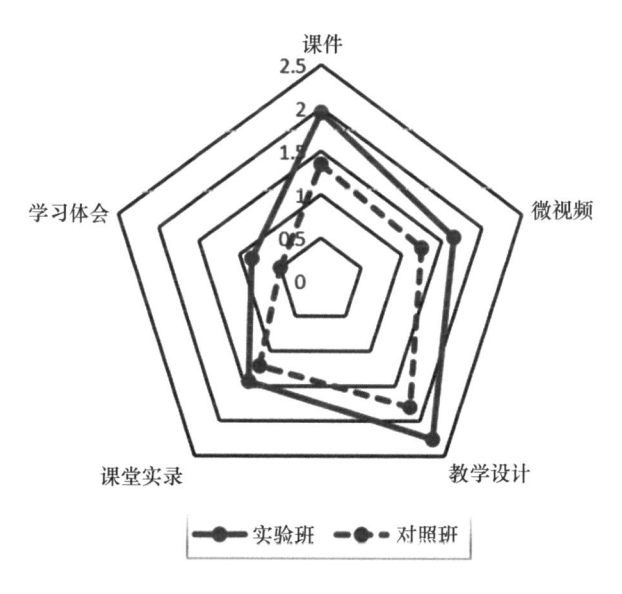

图6-7 实验班与对照班教师生成性学习资源对比分析

图6-7表明，在学习过程中，实验班教师提交的课件、微视频、教学设计、课堂实录的平均数，以及学习体会数（学习体会数量为总体平均数与12周的比值）等各种类型的生成性学习资源均高于对照班教师，体现出实验教师的学习深度要明显高于对照班，实验班教师的学习效果好于对照班教师。

五 教师在线学习感受分析

在本次在线学习快要结束时，研究者通过对讨论区中部分学习者的学习感受进行整理，结合对部分实验班教师进行访谈及对实验班学习者填答的学习满意度调查问卷的分析，从以下几个方面对一些教师的学习感受进行梳理和展示：

（一）实验班教师对推荐学习资源的感受

H老师：在学习过程中我结交了很多新的朋友，大家都是同行互相帮助，互相启发，每个人都有自己的特点，像我们小组的胡＊＊老师是位信息技术应用能手，也是我们大伙学习的榜样，他帮助和指导我们小组的其他教师如何将录制的课堂视频进行格式转换，使我们对完成在线学习任务更有信心。同时，大家还能对他人教学设计进行点评完善，互相借鉴。总之，在学习过程中不仅学到了新的理念和技术方法，也收获了友谊。

T老师：在学习技术支持探究学习的选修模块时，我尝试下载的思维导图软件总是安装不上，显示需要验证码，通过和辅导老师沟通，辅导老师为我推荐在线思维导图网站，我发现在线思维导图不用安装直接就可以使用，还不占自己电脑的空间。

Q老师：在看到需要完成微课制作的学习任务时，我开始很抵触，感觉很难，后来辅导老师给我们展示了我们同班同学的优秀学习作品，还邀请他在YY为我们讲解如何利用简单技术进行微课制作，听过之后我消除了顾虑，即使没有很好的信息技术环境，自己用手机和屏幕录像专家软件就能做好微课。

B老师：我们班其他学员推荐的格式工厂软件让我很受益，是绿色安全的汉化软件，我下载下来进行操作很方便，很轻松就把我手机里存储的微课转换成电脑可以播放的格式，在这里可以汲取到大家的智慧，每个人都分享一些资源，我感觉收获很大。

  F老师：我是农村学校的教师，我们学校的条件有限，有些课例虽然好，但是我们没有条件使用，感觉很难在我们学校简陋的信息技术环境下使用。辅导老师在QQ群中和学习平台上为我们推荐了一些参加微课大赛并获奖的农村教师制作的课程视频，我感觉很好，也不是必须只有很先进的技术才能做好学科融合，简单技术、一个幻灯片、一个图片只要做好教学设计也能起到很好的作用。这些贴近我们的教学案例我能很容易借鉴和迁移到自己的教学实践中，能够帮助我提高自己的教学设计能力。

可见，在学习过程中针对在线学习教师的特点，为他们有针对性地推荐学习资源、学习活动、学习同伴、学习工具等能够在很大程度上帮助参与学习的教师解决他们的学习困难、学习问题，提升学习效果，也有助于提升参与学习教师的在线学习自我效能、在线学习动机以及在线学习资源管理能力，这些也间接地验证了本书的假设2。

（二）实验班教师对呈现学习反馈的感受

  G老师：在线学习过程中，辅导老师对我完成作业的评价与反馈，让我清楚地知道我学习过程中存在的问题。

  W老师：在学习过程中，由于没有认真完成作业，收到学习平台上辅导老师发的小纸条指出我作业存在的问题，并给予了好的建议，我明确了自己的问题所在，我感觉到了辅导老师的认真，还要感谢辅导老师能考虑我的自尊心，通过私信给我建议。在后续的学习过程中，遇到问题经常和老师及其他的同行沟通，很顺利地完成学习任务，还被评为优秀学员，我感觉很高兴。

Z老师：学习过程中每周老师在学习平台呈现的学习小组学习行为分析，还有优秀学员的学习轨迹，让我及时地了解到自己与他人的差距，能够让我及时赶上学习进度。

G老师：在本次在线学习过程中，辅导老师经常跟踪大家的学习进度，掌握学习情况，对共性问题还设置了特定时间进行线上答疑活动，我有一周没有参加学习，就收到了辅导老师的短消息，询问是不是学习遇到什么问题需要帮助，这些反馈和提醒使我感觉到在线学习也不能懈怠，虽然平时工作忙，但只要合理安排好时间会有很大收获。

P老师：在我的学习过程中，我是通过完成作业来检测自己是否已经掌握该学习内容，提交作业后很快就看到了平台上辅导教师对我作业的评价反馈，辅导教师对作业做出及时的评价及反馈，使我能明确了解自己对知识的掌握情况，增强了学习的信心。

通过访谈发现，及时有效的学习过程性评价反馈能够使参与学习的教师及时了解自己对所学内容的掌握情况，并进行有针对性地调整。而个人学习进度可视化反馈、小组学习行为可视化反馈以及每周学习榜样的学习路径信息展示，有助于促进参与学习的教师更好地评价和衡量自己的学习进度和学习状态及时调整自己的学习行为。因此，及时而又有针对性的反馈干预不仅有助于激发参与学习教师的在线学习动机，而且有助于帮助教师监控、调节和评价自己的在线学习状态。

（三）实验班教师对提供学习提示的感受

L教师：辅导老师提供的学习结束时间提示让我意识到我已经有一段时间没有登录学习平台参与学习，辅导教师发给我的学习进度图提醒我还有很多学习内容没有完成。

Z老师：作业有不明白的地方辅导教师给予的提示帮助尤其是信息技术与课程整合的教学设计提示框架，让我能从多角度考虑信息技术在教学中的具体应用，使我能在短时间内聚焦问题的关键所在。

W教师：在学习初期，一头雾水，不知道学习哪些内容，完成哪些学习任务，辅导教师给提供了学习任务分解的提示，我明确了在这次在线学习过程中我要做的事情。

H老师：刚开始学习就是懵的状态，看了QQ学习群中老师提供的学习平台操作指南视频，反复看几遍，一步步跟着操作基本知道了如何进行学习，增加了我对于完成这次学习的信心。

Y老师：刚开始学习的时候，感觉接收的新信息量很大，经常有不理解的需要老师和同学帮助，老师给的提示帮助使我对一些内容加深了理解。例如不知道究竟什么是课例，与课堂录像有什么区别，教案和教学设计有什么区别，老师告诉我从哪些角度思考他们的联系和区别，还推荐资源以加深理解，我感觉这次学习收获很大。

M老师：我以前参与过很多次网上学习，一般就是学习时间快要结束的时候我上去挂机，虽然最后没感觉到自己学到了什么，但是我也完成了学习任务。这次学习老师建议我们制订学习计划，指导我如何安排自己的学习时间，每周还都用小纸条提醒我需要参与学习了，开始的时候感觉很烦，好像在看小学生一样，逐渐地我开始适应这种每周抽出固定时间进行在线学习的方式，发现很多学习资源的确特别好，值得我认真去学习，对我的教学有帮助。现在学习快结束了，我也没有那种临时抱佛脚的感觉，不需要再突击完成学习任务，而且老师通知要推荐我设计的微课参加省里优秀成果评比，我感觉在有条不紊地学习中还有意外收获。这次学习让我重新认识了在线学习，感觉收获很大。

S教师：在学习开始的时候，学习平台提供的学习任务提示以及学习评价标准，让我明确了这次学习的目的和自己需要学习的内容，也清楚地知道了这次学习的评价标准，知道这次学习的各部分学习内容所占的分值比例，在具体明确评价标准的情况下，我更加合理地做了学习计划，学习过程进展很顺利。

由此可见，参与学习的教师对学习系统和辅导教师提供的学习提示比较满意，产生了良好的学习体验，感觉对自己顺利完成本次学习有帮助，增强了学习的信心和动机，能够加深对学习内容的理解。

综上所述，可以发现依据本书所设计的干预框架及干预过程，在综合分析参与学习教师的个人信息数据、在线自我调节学习数据以及在线学习行为数据的基础上，以针对学习者个人、学习行为、学习环境的"提示—反馈—推荐"相结合的干预机制为导向所设计的干预策略，有利于促进教师在线自我调节学习能力的提升和在线学习行为的改善。

六 教师在线自我调节学习干预策略满意度分析

为了调查实验班教师对在线自我调节学习干预策略的满意程度，在学习最后一周，本书对全体实验班教师做了在线自我调节学习干预策略满意度问卷调查，调查问卷包含18个问题，每个问题统一采用李克特五点计分形式（非常不满意＝1，不满意＝2，一般＝3，满意＝4，非常满意＝5），用来了解教师对不同干预策略的满意度。实验班92名教师均参与了调查。调查数据的分析结果如表6-13所示。

表 6-13　　教师在线自我调节学习干预策略满意度分析

干预策略	N	Mean	SD	Range
1. 在学习过程中，任务分析框架能帮助我顺利分析学习任务。	92	3.52	1.011	1.00—5.00
2. 学习目标分析框架能帮助我细化本次在线学习目标。	92	3.64	0.897	1.00—5.00
3. 学习计划提示能够启发我根据自己的实际情况制订总体学习计划以及每周的学习计划。	92	3.79	0.944	1.00—5.00
4. 元认知自我提问提示能够启发我对所学内容进行思考、与已有知识进行联系与对比，以及如何将所学内容应用于教学实践。	92	3.87	0.597	1.00—5.00
5. 学习日志提示使我能够更深入地理解所学内容，思考自己学习计划的合理性，使我的学习更具有规律性和计划性。	92	3.61	0.960	1.00—5.00
6. 所提供的学习日历以及通过私信提供的学习时间提醒能够帮助我更加合理地规划学习时间。	92	3.99	0.457	2.00—5.00
7. 辅导教师每周呈现的学习进度反馈能够帮助我了解自己以及学习同伴的学习进展，促进我及时调整自己的学习节奏，督促自己每周坚持学习。	92	4.12	0.488	3.00—5.00
8. 辅导教师每周定时用QQ发送学习任务完成情况的反馈信息，使我能够及时了解自己的学习状态，意识到自己在学习过程中存在的问题，并及时进行调整。	92	4.10	0.493	3.00—5.00
9. 辅导教师定期呈现的交流互动参与人员反馈信息，能够促进我积极地参与交流讨论。	92	3.73	0.915	1.00—5.00
10. 辅导教师推荐的学习资源有针对性，能够满足我的学习需求。	92	3.95	0.685	1.00—5.00
11. 辅导教师定期推荐的实时学习活动使我与其他同行有了更多的交流，增加了学习兴趣，减少学习的孤独感。	92	3.85	0.755	1.00—5.00
12. 辅导教师推荐的优秀学员作品，对我的学习和今后教学实践有帮助。	92	4.24	0.562	3.00—5.00
13. 看到自己的作品被同伴给予积极评价反馈，增强了我的学习信心和学习兴趣。	92	4.24	0.747	2.00—5.00
14. 辅导教师每周固定时间组织的在线答疑活动能够帮助我解答疑难问题。	92	4.11	0.544	2.00—5.00

续表

干预策略	N	Mean	SD	Range
15. 利用YY语音开展的专家和学习同伴讲座活动，能够帮助我加深对学习内容的理解。	92	3.96	0.662	1.00—5.00
16. 辅导教师推荐的在线学习笔记能够帮助我记录学习的重点和难点问题，有助于理解和复习。	92	3.50	1.032	1.00—5.00
17. 辅导教师每周推荐学习榜样能激发学习动机，促进我向榜样学习。	92	4.03	0.654	2.00—5.00
18. 学习初，辅导教师推荐的YY语音学习活动使我明确在线自我调节学习的重要性。	92	3.93	0.626	1.00—5.00

通过对满意度的调查数据分析可以发现，实验班教师对本次学习所提供的干预策略满意度平均得分最高为4.24，最低为3.50。由此可见，大部分实验班教师对所提供的干预策略比较认可。其中，对推荐优秀学习作品、积极评价反馈、推荐学习榜样、学习进度反馈以及可视化学习进展等干预策略的满意度较高。对学习时间提醒、元认知自我提问提示、学习计划提示、学习任务分解提示、学习目标分析提示、推荐学习活动、推荐学习工具、学习日志写作提示等干预策略均比较满意。仅有小部分教师表示已经习惯在笔记本上做学习笔记，不愿意使用在线学习平台的笔记功能。有几位教师表示按照学习日志写作提示撰写学习反思加重了学习负担。总之，无论是满意度调查分析，还是结合对实验班教师的访谈以及讨论区中教师的学习感受进行分析发现，大部分实验班教师认为所设计的系列提示干预策略、反馈干预策略以及推荐干预策略对于提升在线学习自我效能，激发学习动机以及合理制订学习计划、及时调整学习状态、深入理解学习内容、提升学习效果，均起到了较好的正向促进作用。

第三节 实证研究结论与讨论

实证研究中，依据本书所设计的干预框架及干预过程，通过对实验班教师个人基本信息、在线自我调节学习水平以及在线学习行为数据的分析，以针对学习者个人、学习行为、学习环境的"提示—反馈—推荐"相结合的干预机制为导向，设计系列干预策略，将所设计干预策略有针对性地以班级干预、小组干预以及个体干预的形式，融入实验班教师在线学习过程的计划与准备阶段、执行与控制阶段以及评价与反思阶段。并在此基础上，从不同角度，采用多种方法验证本书所设计的干预策略对实验班教师在线自我调节学习能力的影响，对学习效果的促进作用。实证研究结果表明依据干预框架及干预过程所设计的系列干预策略，能够在一定程度上唤醒和提升实验班教师在线自我调节学习能力，较好地改善实验班教师在线自我调节学习现状，提高在线学习效果，实证研究结果较好地支持了前文中的研究假设，具体研究结论如下：

一 在线自我调节学习干预可提升教师在线自我调节学习整体水平

干预实证研究结果表明，对实验班教师进行 12 周持续在线自我调节学习干预后，实验班教师在线自我调节学习的整体感知水平有了显著提升，由开始 4.26 提升到 5.12，而对照班教师在线自我调节学习整体感知水平虽也有所提升，但提升幅度较小，仅从 4.31 提升到 4.50。这充分说明本书所设计的教师在线自我调节学习干预框架、干预过程以及干预策略可以促进教师在线自我调节学习感知水平的提升。同时，反思日志的分析结果表明，在经过 12 周的在线自我调节学习干预后，实验班教师在计划、监控、调节、评价四个方面反思事件均较对照班教师有不同程度的提升，这也从另一角度印证了本书所设计的教师在线自我调节学习干预框架、干预过程以及干预策略能够唤醒和提升教师在线自我调节学习能力。

二 在线自我调节学习干预可提升教师在线自我调节学习各要素水平

干预实证研究结果表明，对实验班教师进行12周持续在线自我调节学习干预后，实验班教师在线自我调节学习各要素的自我感知水平均有明显提升，且提升幅度显著高于对照班教师。其中，实验班教师在线学习自我效能、在线学习元认知策略、在线学习资源管理策略、在线学习认知策略的个人感知提升幅度相对较大，分别为3.63→4.96、4.03→5.09、4.29→5.25、4.30→4.98。这表明实验班教师的学习信心得到较大增强，能够更好地利用学习平台参与在线学习活动，完成在线学习任务，并且能够体验到在线学习的乐趣。在学习过程中，实验班教师掌握了更多的元认知学习策略，对学习的计划、监控、调节、自我评价以及反思等学习行为有了明显改善，对学习时间、学习资源的管理能力都得到了加强。同时，对实验班教师在线学习反思事件分析结果以及访谈结果也进一步印证了该结论。而在线学习动机维度提升幅度相对较小，仅由5.05提升到5.31。分析其原因，一方面研究者在调查中发现与其他要素相比，实验班教师在线学习动机要素的初始感知水平相对较高，相对来说其发展与提升的空间较小。另一方面已有文献研究也表明作为成人学习者的教师，学习动机受多种因素影响，如工作压力大、空闲学习时间有限、学习资源是否满足其需要，以及所在工作单位行政管理部门支持等都会影响到教师的在线学习动机。由于研究重点的局限，本书只能更多地从对成人学习者学习的反馈激励、学习支持服务，以及推荐学习资源等方面对学习动机进行促进。而研究发现，经过12周的学习干预后，实验班教师的学习动机提升幅度大于对照班教师，这说明本书所提供的在线自我调节学习干预可以在一定程度上激发学习者的在线学习动机。

三 在线自我调节学习干预可提高教师在线学习效果

干预实证研究结果表明，实验班与对照班教师的信息技术与课程融合教学设计能力初始水平无显著差异，经过12周的学习后，实验班与对照班教师的信息技术与课程融合教学设计能力均得到了显著提升，但却呈现了显著差异。实验班教师的教学设计平均得分要明显高于对照班教师。这表明在学习过程中，为实验班教师提供的在线自我调节学习干预能够在一定程度上提升教师的在线学习效果。

此外，实验班和对照班教师在线自我调节学习总体感知及其各要素感知水平均与学习效果呈现显著的正相关。但实验班教师的相关性高于对照班教师。同时，对反思日志分析结果表明实验班教师对计划、监控、调节以及评价四方面的学习反思事件与学习效果均呈现显著的正相关。而对照班教师仅是监控和调节两方面学习反思事件与学习效果呈现正相关。

四 在线自我调节学习干预可改善教师在线学习行为

干预实证研究结果表明，实验班教师的学习积极性与学习参与度明显高于对照班教师。实验班教师学习必修课程内容的学习时间分布更具有规律性和计划性，每周的平均学习时间相差不大。而对照班教师更多体现为在学习快要结束的前两周临时突击学习。同时，实验班教师在选修课程数量、参与讨论发帖量、评价学习同伴作品数量以及生成性学习资源数量方面均明显高于对照班教师。

五 在线自我调节学习干预可被教师广泛接受

通过对实验班教师的访谈以及对在线自我调节学习满意度问卷

的分析发现，实验班教师认为从学习分析的视角，通过对学习者基本信息、在线自我调节学习水平及学习行为数据分析的基础上，所提供的干预策略更具针对性，能够使他们明确自己在学习过程中应该做什么，为什么做，何时做以及怎么做，而且能够准确了解自己的学习状态，监控自己的学习行为，促进自己对学习行为进行不断地调节。实验班教师对本次学习过程中所提供的干预策略满意度平均得分为3.90，标准差为0.229。由此可见，多数实验班教师对学习过程中提供的系列干预策略表示满意，认为对学习起到了良好的促进作用。

第七章

研究结论与展望

本书充分借鉴国内外已有相关研究成果，结合教师特点，编制了信效度较好的教师在线自我调节学习问卷，分析教师在线自我调节学习的构成要素，利用所设计问卷调查教师在线自我调节学习现状。在此基础上，从学习分析的视角，充分借鉴已有学习分析模型，依托社会认知学习理论的三元交互思想，围绕干预要素、干预机制、干预对象构建教师在线自我调节学习干预框架。依据干预框架，结合齐莫尔曼·巴里自我调节学习过程模型，设计教师在线自我调节学习的干预过程。依托教师信息技术应用能力提升项目，在真实的在线学习实践中进行实证研究。依据干预框架及干预过程，通过对教师个人基本信息数据、在线自我调节学习初始水平数据以及在线学习行为数据进行分析，全面、客观、准确地了解教师在线学习状态，设计有效的教师在线自我调节学习干预策略，并将干预策略融入教师在线学习过程中，实践验证所设计干预策略的有效性。本书在一定程度上拓展了自我调节学习的研究范畴，丰富了自我调节学习的测量和诊断方法，有利于揭示教师在线学习的特点和规律，促进教师终身学习理念的形成，有利于教师专业持续发展，对深化发展教师继续教育领域的理论研究具有典型意义，可为各地区有效地开展教师在线学习提供理论和实践支持。

第一节 研究结论

一 教师在线自我调节学习问卷设计

本书对已有自我调节学习相关测量工具进行归纳与总结，结合专家咨询以及教师访谈，通过对500位教师进行调查，最后形成具有43个题项，信效度相对较好的中小学教师在线自我调节学习问卷，明确了问卷所包含的各维度要素。分别为：

在线学习自我效能：指中小学教师对在线学习平台的基本操作能力，以及利用学习平台提供的交流互动工具、社会软件与学习同伴、辅导教师进行交流互动能力的自我判断和估计。

在线学习动机：指中小学教师对在线学习的兴趣、在线学习过程中希望丰富自己教学理论与实践的内在学习动机，以及渴望在学习过程中得到表扬与肯定等外在学习动机的自我判断和估计。

在线学习认知策略：指中小学教师对在线学习过程中运用复述策略、精加工策略以及组织策略能力的自我判断和估计。

在线学习元认知策略：指在线学习过程中，中小学教师对学习计划、监控、调节以及评估能力的自我判断和估计。

在线学习资源管理策略：指在线学习过程中，中小学教师对自己努力地控制程度、学习时间、地点安排以及学习求助方面能力的自我判断和估计。

二 教师在线自我调节学习现状调查分析

利用本书编制的教师在线自我调节学习问卷对中小学教师进行调查，调查结果显示：教师在线自我调节学习能力总体处于中等水平，教师在线自我调节学习各维度要素水平表现不均衡。其中，在线学习自我效能、在线学习元认知策略、在线学习资源管理策略得分相对较低，普遍低于在线学习认知策略、在线学习动机。

差异分析结果显示：在性别方面，教师在线自我调节学习及各维度要素无显著差异；在地区方面，城市教师与村镇教师在线学习自我效能维度呈现显著差异，城市教师在线学习自我效能感要明显高于农村教师；相关分析结果显示：学历与教师在线学习自我效能呈现显著正相关，教龄与教师在线学习自我效能呈现显著负相关，教龄长的教师在线学习自我效能相对较低。

三 教师在线自我调节学习干预框架构建

教师在线自我调节学习干预框架构建是从学习分析的视角，综合分析已有学习分析模型，重点以乔治·西门斯提出学习分析过程模型为参考，在明确收集和分析教师在线学习数据种类的基础上，从干预要素、干预机制、干预对象三个方面展开研究。以所调查教师在线自我调节学习的基本现状为依据，明确教师在线自我调节学习干预框架中的具体干预要素；以社会认知理论中的三元交互决定论为理论依托，从个人、行为和环境三者相互影响的潜在因果关系出发，构建针对学习者个人、学习行为、学习环境的"提示—反馈—推荐"相结合的教师在线自我调节学习干预机制；再以设计的干预机制为依据，按照实施干预群体不同划分教师在线自我调节学习的干预对象。

四 教师在线自我调节学习干预过程设计

教师在线自我调节学习干预过程设计以干预框架为重要依据，结合齐莫尔曼·巴里的学习分析过程模型，将教师在线自我调节学习干预过程划分为：计划与准备阶段的学习干预、执行与控制阶段的学习干预、评价与反思阶段的学习干预。其中，计划与准备阶段的干预是帮助教师分析学习任务、明确学习目标、制订学习计划，使其顺利进入学习状态，侧重对教师在线学习自我效能、在线学习动机、在线学习元认知策略的干预；执行与控制阶段的干预是帮助教师及时了解自己的学习状态、调节学习行为，保障学习顺利进行，侧重对在线学习动机、在线学习认知策略、在线学习元认知策略以及在线学习资源管理策略的干预；评价与反思阶段的干预是促进教师合理、客观地评价学习效果，反思学习过程，侧重对在线学习认知策略、在线学习元认知策略、在线学习动机等在线自我调节学习要素的干预。

五 教师在线自我调节学习干预策略设计

在本书所建构的教师在线自我调节学习干预框架指导下，依据设计的干预过程，在教师信息技术能力提升在线学习项目实践中，在计划与准备、执行与控制以及评价与反思三个不同的学习阶段，通过对实验班教师个人基本信息、在线自我调节学习水平以及学习行为数据进行分析，依据数据分析结果多维度、全方位地设计具体有效的系列干预策略。

六 教师在线自我调节学习干预效果实证

采用实验班与对照班前测、后测对比的设计模式，在教师信息技术应用能力提升在线学习项目中展开实证研究，通过横向实验班与对照班比较以及纵向前后测数据对比，分析在线自我调节学习干预的有效性。数据分析结果表明，依据干预框架、干预过程所设计干预策略能够显著提升教师在线自我调节学习的总体水平以及各要素水平，提高教师在线学习效果，改善教师在线学习行为。与对照班教师相比，实验班教师学习投入的时间更具有规律性和计划性，选修课程学时数更多，参与讨论、评论等交流互动的积极性更高，生成性学习资源的数量更多。与此同时，在线自我调节学习干预策略满意度问卷调查结果显示，大部分实验班教师对本书所设计的具体干预策略给予肯定，认为对其学习起到了良好的促进作用。

第二节 研究创新

本书的创新之处主要体现在：

第一，本书以关注教师在线自我调节学习为出发点，突出了教师在专业发展中的主体地位，从强调教师网络远程培训到关注教师在线自我调节学习，是一个理念上的变化，有利于揭示教师在线学习的特点和规律，促进教师终身学习理念的形成，有利于教师专业持续发展，在一定程度上体现了教师教育的演进和超越。

第二，本书从学习分析的视角，构建教师在线自我调节学习干预框架，在教师在线学习过程中，综合运用统计分析、内容分析等学习分析方法，分析教师在线学习相关数据，对教师在线自我调节学习进行动态诊断与分析，并据此为教师提供有针对性的持续干预，在一定程度上保障了教师在线自我调节学习诊断与干预的精准性与有效性。

第三，本书干预机制设计以社会认知理论的三元交互理论以及齐莫尔曼·巴里的自我调节学习模型为依托，综合考虑学习者个人、学习行为以及学习环境三者之间潜在交互关系，构建了针对学习者个人、学习行为、学习环境的"提示—反馈—推荐"相结合的干预机制，从多角度出发设计干预策略，丰富和拓宽了中小学教师在线自我调节学习干预的思路和途径。

第四，本书从学习分析的视角，依托社会认知理论，探索出具有理论性和实践性的教师在线自我调节学习干预框架、干预过程及干预策略，具体研究成果实践性和操作性较强，能够较好地指导中小学教师在线学习实践，提升在线学习效果，相对来说本书成果更有利于转化为教学实践。

第三节　研究展望

本书所设计的教师在线自我调节学习干预框架、干预过程以及干预策略，在一定程度上提升了教师在线自我调节学习能力，提高了在线学习效果，改善了教师在线学习行为。未来，研究者将以本书取得的研究成果基础，在以下几个方面展开深入研究：

1. 教师在线自我调节学习干预的影响应该具有持续性，本书也同样秉持这一理念，但由于研究重点和研究时间的局限性，本书中未能对教师在线自我调节学习能力改善的持续效果进行关注。未来，笔者将对这方面进行关注，通过走入课堂进行现场观察分析，考察教师在线自我调节学习能力提升的持久性与迁移作用，以及对学生学习的影响。

2. 本书以初中历史教师为研究对象展开实证研究，验证干预框架、干预过程、干预策略的有效性，所得出的结论对于其他学段、其他学科的教师是否有效，仍需扩大研究范围，通过对不同学段、不同学科教师在线自我调节学习干预进行实践研究加以检验。

3. 在开展本书的过程中，研究者通过不断分析和观察各种学习者学习相关数据，认为需要继续对学习者学习行为数据分析方法和分析工具进行深入研究，以便更加方便、快捷、精准地对学习者在线自我调节学习进行干预。

参考文献

中 文

一 图书类

陈丽编著：《在线教育原理》，北京师范大学出版社2021年版。

陈茂建编著：《中小学教师远程培训问题研究》，厦门大学出版社2015年版。

刘电芝主编：《学习策略研究》，人民教育出版社1999年版。

马萍：《自我调控词汇学习策略教学设计研究——从理论到实践》，科学出版社2015年版。

庞维国：《自主学习：学与教的原理和策略》，华东师范大学出版社2003年版。

武丽志：《教师远程培训研究："研训用"一体的新视角》，清华大学出版社2015年版。

吴明隆：《问卷统计分析实务——SPSS操作与应用》，重庆大学出版社2010年版。

郑兰琴：《调节性学习技能的评价与干预研究》，人民邮电出版社2019年版。

二 期刊类

毕超：《教师远程培训模式及其应用策略》，《北京教育学院学报

（自然科学版）》2013年第4期。

邓国民、韩锡斌、杨娟：《基于OERs的自我调节学习行为对学习成效的影响》，《电化教育研究》2016年第3期。

丁桂凤：《员工自我调节学习的实证研究》，《心理与行为研究》2005年第2期。

董奇、周勇：《10—16岁儿童自我监控学习能力的成分，发展及作用的研究》，《心理科学》1995年第2期。

杜红梅、冯维：《移情与后果认知训练对儿童欺负行为影响的实验研究》，《心理发展与教育》2005年第2期。

段建彬、王建军、李华：《教师远程培训有效实施的策略研究》，《现代远距离教育》2016年第1期。

范丽恒等：《超文本学习环境中差生自我调节学习的过程干预》，《开放教育研究》2013年第1期。

方平、李凤英、姜媛：《小学生自我调节学习的特点》，《心理科学》2006年第3期。

付安权：《教师在线专业发展的特点和实施策略》，《上海师范大学学报（基础教育版）》2009年第1期。

顾晓清等：《学习分析：正在浮现中的数据技术》，《远程教育杂志》2012年第1期。

郭绍青等：《数字化赋能教师专业发展实践探索》，《电化教育研究》2023年第7期。

何克抗：《"学习分析技术"在中国的新发展》，《电化教育研究》2016年第7期。

胡艺龄等：《教育效益的追问：从学习分析技术的视角》，《现代远程教育研究》2014年第6期。

花燕峰、张龙革：《基于MOOCs的多元同心学习分析模型构建》，《远程教育杂志》2014年第5期。

姜强等：《基于大数据的个性化自适应在线学习分析模型及实现》，

《中国电化教育》2015年第1期。

孔维宏：《中小学教师远程培训的问题分析与对策研究》，《中国电化教育》2011年第5期。

李秉德：《"教学设计"与教学论》，《电化教育研究》2000年第10期。

李彤彤等：《基于教育大数据的学习干预模型构建》，《中国电化教育》2016年第6期。

李晓东、张炳松：《成就目标，社会目标，自我效能及学习成绩与学业求助的关系》，《心理科学》2001年第1期。

李艳燕等：《学习分析技术：服务学习过程设计和优化》，《开放教育研究》2012年第5期。

连榕、罗丽芳：《学业成就中等生和优良生的成就目标，自我监控与学业成绩关系的比较研究》，《心理科学》2003年第6期。

刘三女牙等：《量化学习：数字化学习发展前瞻》，《教育研究》2016年第7期。

孟玲玲、顾小清、李泽：《学习分析工具比较研究》，《开放教育研究》2014年第4期。

牟智佳、俞显：《知识图谱分析视角下学习分析的学术群体与热点追踪——对历年"学习分析与知识国际会议"的元分析》，《远程教育杂志》2016年第2期。

庞维国：《自主学习的测评方法》，《心理科学》2003年第5期。

唐丽、王运武、陈琳：《智慧学习环境下基于学习分析的干预机制研究》，《电化教育研究》2016年第2期。

王广新：《远程学习者时间管理的特征、障碍与干预方式》，《中国远程教育》2009年第9期。

王陆：《教师在线实践社区的研究综述》，《中国电化教育》2011年第9期。

王美：《教师在线专业发展（oTPD）：背景、研究、优势及挑战》，

《教师教育研究》2008年第6期。

王耀莹、王凯丽：《面向教师教育远程网络培训平台的技术接受扩展模型研究》，《中国电化教育》2015年第7期。

魏顺平：《在线教育管理者视角下的学习分析——在线教学绩效评估模式构建与应用》，《现代教育技术》2014年第9期。

武丽志、曾素娥：《"研训用"一体的教师远程培训内涵及实践观照》，《现代远程教育研究》2015年第4期。

谢家树、韩喆：《大学生自主学习干预研究》，《中国临床心理学杂志》2008年第4期。

闫寒冰、褚文培：《教师远程培训模式的研究与实践》，《中国电化教育》2004年第11期。

杨宁：《从元认知到自我调节：学习策略研究的新进展》，《南京师大学报（社会科学版）》2006年第4期。

姚勇娜、武丽志：《教师远程培训平台功能的对比研究》，《广州广播电视大学学报》2015年第2期。

张锦坤、佟欣、杨丽娴：《中学生自我调节学习量表的编制》，《心理与行为研究》2008年第3期。

张静：《探究大学英语网络自主学习者自我效能感的干预》，《科技展望》2015年第12期。

张丽、伍正翔：《引领式在线教师培训模式理论创新与实践机制——以全国中小学教师网络培训平台为例》，《中国电化教育》2011年第1期。

张玮、王楠：《学习分析模型比较研究》，《现代教育技术》2015年第9期。

张文兰、刘俊生：《基于设计的研究——教育技术学研究的一种新范式》，《电化教育研究》2007年第10期。

张羽、李越：《基于MOOCs大数据的学习分析和教育测量介绍》，《清华大学教育研究》2013年第4期。

赵君仡：《开放大学自主学习现状及干预策略研究——以远程英语自主学习为例》，《广西广播电视大学学报》2015 年第 1 期。

赵艳：《农村中小学教师网络远程培训的问题与对策研究》，《中小学教师培训》2013 年第 9 期。

郑燕林、李卢一：《对大数据支持的学习分析与评价的需求调查——基于教师的视角》，《现代远距离教育》2015 年第 2 期。

周国韬：《自我调节学习论——班杜拉学习理论的新进展》，《外国教育研究》1995 年第 3 期。

朱祖德等：《大学生自主学习量表的编制》，《心理发展与教育》2005 年第 3 期。

祝智庭、沈德梅：《学习分析学：智慧教育的科学力量》，《电化教育研究》2013 年第 5 期。

祝智庭、闫寒冰：《中小学教师信息技术应用能力标准（试行）解读》，《电化教育研究》2014 年第 9 期。

三　学位论文

陈珊：《促进问题解决的学习干预设计与应用研究》，硕士学位论文，华东师范大学，2013 年。

方平：《初中生自我调节学习发展特征及相关因素的研究》，博士学位论文，首都师范大学，2003 年。

李银铃：《教师远程培训中在线干预设计——环境适应的视角》，博士学位论文，华东师范大学，2008 年。

刘红霞：《信息技术环境下大学生学业自我效能的干预研究》，博士学位论文，东北师范大学，2015 年。

孙起帆：《超文本学习环境中自我调节学习特征及干预研究》，硕士学位论文，河南大学，2010 年。

田素玲：《初中英语学业不良学生元认知缺陷教学干预》，硕士学位论文，山东师范大学，2010 年。

余仕华：《初中生的学习监控及其受家庭学业指导方式和"提问单"训练的影响》，硕士学位论文，南京师范大学，2007年。

张超：《教师远程培训的学习干预研究》，博士学位论文，华东师范大学，2010年。

郑晓川：《美国新教师在线专业发展的eMSS项目研究》，硕士学位论文，西南大学，2011年。

四 其他类

《国家中长期教育改革和发展规划纲要（2010—2020年）》（https：//www.gov.cn/jrzg/2010-07/29/content_1666937.htm）。

《教育部关于大力加强中小学教师培训工作的意见》（https：//www.gov.cn/gongbao/content/2011/content_1907089.htm）。

《教育部关于深化中小学教师培训模式改革全面提升培训质量的指导意见》（http：//www.moe.gov.cn/srcsite/A10/s7034/201305/t20130508_151910.html）。

《中共中央 国务院关于全面深化新时代教师队伍建设改革的意见》（https：//www.gov.cn/xinwen/2018-01/31/content_5262659.htm）。

《中华人民共和国国民经济和社会发展第十四个五年规划和2035年远景目标纲要》（http：//www.gov.cn/xinwen/2021-03/13/content_5592681.htm）。

《教育部等六部门关于推进教育新型基础设施建设构建高质量教育支撑体系的指导意见》（http：//www.gov.cn/zhengce/zhengceku/2021-07/22/content_5626544.htm）。

外 文

一 图书类

Boekaerts M., Pintrich P. R., Zeidner M., *Handbook of Self-regula-*

tion, New York: Elsevier Science, 2005, pp. 534 – 578.

Bransford J. D., Brown A. L., and Cocking R. R., *How People Learn: Brain, Mind, Experience, and School*, California: National Academy Press, 1999, p. 2.

Candy Philip C., *Self-Direction for Lifelong Learning: A Comprehensive Guide to Theory and Practice*, San Francisco: Jossey-Bass, 1991, pp. 56 – 72.

Kramarski B., Michalsky T., *Student and Teacher Perspectives on Improve Self-regulation Prompts in Web-Based Learning International Handbook of Metacognition and Learning Technologies*, New York, NY: Springer, 2013, pp. 35 – 51.

Pintrich P. R., *The Role of Goal Orientation in Self-regulated Learning*, New York: Academic Press, 2000, pp. 451 – 502.

Schunk D. H., Ertmer P. A., *Self-regulation and Academic Learning: Self-efficacy Enhancing Interventions, Handbook of Self-regulation*, New York: Academic Press, 2000, pp. 631 – 649.

Schunk D. H., Zimmerman B. J., *Self-regulation of Learning and Performance: Issues and Educational Applications*, New York: Taylor & Francis, 1994, pp. 78 – 89.

Weinstein C. E., Husman J., Dierking D. R., *Self-Regulation Interventions with a Focus on Learning Strategies, Handbook of Self-regulation*, New York: Academic Press, 2000, pp. 727 – 747.

Zimmerman B. J., Schunk D. H., *Self-regulated Learning and Academic Achievement: Theoretical Perspectives*, New York: Routledge, 2001, pp. 123 – 156.

二 期刊类

Agudo-Peregrina Á. F., Iglesias-Pradas S., Conde-González M. Á., &

Hernández-García Á., "Can We Predict Success from Log Data in Vles? Classification of Interactions for Learning Analytics and Their Relation with Performance in Vle-Supported F2F and Online Learning", *Computers in Human Behavior*, No. 31, 2014, pp. 542–550.

Archambault L., Leary H., Rice K., "Pillars of Online Pedagogy: A Framework for Teaching in Online Learning Environments", *Educational Psychologist*, Vol. 57, No. 3, 2022, pp. 178–191.

Azevedo R, Hadwin A. F., "Scaffolding Self-regulated Learning and Metacognition-Implications for the Design of Computer-based Scaffolds", *Instructional Science*, Vol. 33, No. 5, 2005, pp. 367–379.

Azevedo R., Cromley J. G., & Seibert D., "Does Adaptive Scaffolding Facilitate Students' Ability to Regulate Their Learning with Hypermedia?", *Contemporary Educational Psychology*, Vol. 29, No. 3, 2004, pp. 344–370.

Azevedo R., Cromley J. G., "Does Training on Self-Regulated Learning Facilitate Students' Learning with Hypermedia?", *Journal of Educational Psychology*, Vol. 96, No. 3, 2004, p. 523.

Bandura A., "Social Cognitive Theory: An Agentic Perspective", *Asian Journal of Social Psychology*, Vol. 2, No. 1, 1999, pp. 21–41.

Bandalos D. L., Finney S. J., Geske J. A., "A Model of Statistics Performance Based on Achievement Goal Theory", *Journal of Educational Psychology*, Vol. 95, No. 3, 2003, p. 604.

Bannert M., Hildebrand M., & Mengelkamp C., "Effects of a Metacognitive Support Device in Learning Environments", *Computers in Human Behavior*, Vol. 25, No. 4, 2009, pp. 829–835.

Bannert M., Reimann P., "Supporting Self-regulated Hypermedia Learning Through Prompts", *Instructional Science*, Vol. 40, No. 1, 2012, pp. 193–211.

Bauer M. W. , Gaskell G. , "Towards a Paradigm for Research on Social Representations", *Journal for the Theory of Social Behaviour*, Vol. 29, No. 2, 1999, pp. 163 – 186.

Best R. M. , Rowe M. , Ozuru Y. , et al, "Deep-Level Comprehension of Science Texts: The Role of the Reader and the Text", *Topics in Language Disorders*, Vol. 25, No. 1, 2005, pp. 65 – 83.

Bienkowski M. , Feng M. , Means B. , "Enhancing Teaching and Learning through Educational Data Mining and Learning Analytics: An Issue Brief", *Office of Educational Technology*, 2012, pp. 1 – 57.

Boekaerts M. , "Self-Regulated Learning: Where We are Today", *International Journal of Educational Research*, Vol. 31, No. 6, 1999, pp. 445 – 457.

Boekaerts M. , Minnaert A. , "Self-Regulation with Respect to Informal Learning", *International Journal of Educational Research*, Vol. 31, No. 6, 1999, pp. 533 – 544.

Butler D. L. , Winne P. H. , "Feedback and Self-regulated Learning: A Theoretical Synthesis", *Review of Educational Research*, Vol. 65, No. 3, 1995, pp. 245 – 281.

Chatti M. A. , Dyckhoff A. L. , Schroeder U. , & Thüs H. , "A Reference Model for Learning Analytics", *International Journal of Technology Enhanced Learning*, Vol. 10, No. 2, 2012, pp. 1 – 21.

Dede C. , Ketelhut D. J. , Whitehouse P. , et al, "A Research Agenda for Online Teacher Professional Development", *Journal of Teacher Education*, Vol. 60, No. 1, 2009, pp. 8 – 19.

Devolder A. , Van Braak J. , Tondeur J. , "Supporting self-Regulated Learning in Computer-Based Learning Environments: Systematic Review of Effects of Scaffolding in the Domain of Science Education", *Journal of Computer Assisted Learning*, Vol. 28, No. 6, 2012, pp. 557 – 573.

Eilam B., Aharon I., "Students' Planning in the Process of Self-Regulated Learning", *Contemporary Educational Psychology*, Vol. 28, No. 3, 2003, pp. 304 – 334.

Greene J. A., Moos D. C., Azevedo R., et al, "Exploring Differences between Gifted and Grade-Level Students' Use of Self-Regulatory Learning Processes with Hypermedia", *Computers & Education*, Vol. 50, No. 3, 2008, pp. 1069 – 1083.

Hadwin A. F., Winne P. H., Nesbit J. C., "Roles for Software Technologies in Advancing Research and Theory in Educational Psychology", *British Journal of Educational Psychology*, Vol. 75, No. 1, 2005, pp. 1 – 24.

Harackiewicz J. M., Barron K. E., Pintrich P. R., et al, "Revision of Achievement Goal Theory: Necessary and Illuminating", *Necessary and Illuminating*, Vol. 29, No. 3, 2002, p. 638.

Hashemyolia S., Asmuni A., Daud S. M., "Factors Affecting Students'Self Regulated Learning Using Learning Management System", *Middle-East Journal of Scientific Research*, Vol. 19, No. 19, 2014, pp. 119 – 124.

Ifenthaler D., "Determining the Effectiveness of Prompts for Self-Regulated Learning in Problem-Solving Scenarios", *Educational Technology & Society*, Vol. 15, No. 1, 2012, pp. 38 – 52.

Kuo Y. C., Tseng H., & Kuo Y. T., "Internet Self-Efficacy, Self-Regulation, and Student Performance: African-American Adult Students in Online Learning". *International Journal on E-Learning*, Vol. 19, No. 2, 2020, pp. 161 – 180.

Lehmann T., Hähnlein I., Ifenthaler D., "Cognitive, Metacognitive and Motivational Perspectives on Preflection in Self-regulated Online

Learning", *Computers in Human Behavior*, No. 32, 2014, pp. 313 – 323.

Macfadyen L. P., Dawson S., "Mining LMS Data to Develop an 'Early Warning System' for Educators A Proof of Concept", *Computer & Education*, Vol. 54, No. 2, 2010, pp. 588 – 599.

Narciss S., Proske A., Koerndle H., "Promoting Self-Regulated Learning in Web-Based Learning Environment", *Computers in Human Behavior*, Vol. 23, No. 3, 2007, pp. 1126 – 1144.

Pintrich P. R., De Groot E. V., "Motivational and Self-Regulated Learning Components of Classroom Academic Performance", *Journal of Educational Psychology*, Vol. 82, No. 1, 1990, pp. 33 – 40.

Pintrich P. R., Smith D. A. F., García T., et al, "Reliability and Predictive Validity of the Motivated Strategies for Learning Questionnaire (MSLQ)", *Educational and Psychological Measurement*, Vol. 53, No. 3, 1993, pp. 801 – 813.

Pistilli M. D., Arnold K. E., "Purdue Signals: Mining Real-time Academic Data to Enhance Student Success", *About Campus: Enriching the student learning experience*, Vol. 15, No. 3, 2004, pp. 22 – 24.

Proske A., Körndle H., Narciss S., "The Exercise Format Editor: A Multimedia Tool For the Design of Multiple Learning Tasks", *Instructional Design for Multimedia Learning*, 2004, pp. 149 – 164.

Roskos K., Jarosewich T., Lenhart L., & Collins L., "Design of Online Teacher Professional Development in a Statewide Reading First Professional Development System", *The Internet and Higher Education*, Vol. 10, No. 3, 2007, pp. 173 – 183.

Sáez-Delgado F., López-Angulo Y., Mella-Norambuena J., et al., "Teacher Self-Regulation and Its Relationship with Student Self-Regulation in Secondary Education." *Sustainability*, Vol. 14, No. 24,

2022, p. 16863.

Schraw G., Dennison R. S., "Assessing Metacognitive Awareness", *Contemporary Educational Psychology*, Vol. 19, No. 4, 1994, pp. 460-475.

Sharples M., McAndrew P., Weller M., Ferguson R., *Innovating Pedagogy*, Milton Keynes: The Open University, 2013.

Van den Boom G., Paas F., Van Merrienboer J. J., & Van Gog T., "Reflection Prompts and Tutor Feedback in a Web-Based Learning Environment: Effects on Students' Self-Regulated Learning Competence", *Computers in Human Behavior*, Vol. 20, No. 4, 2004, pp. 551-567.

Warr P., Downing J., "Learning Strategies, Learning Anxiety and Knowledge Acquisition", *British Journal of Psychology*, Vol. 91, No. 3, 2000, pp. 311-333.

Whipp J. L., Chiarelli S., "Self-Regulation in a Web-Based Course: A Case Study", *Educational Technology Research and Development*, Vol. 52, No. 4, 2004, pp. 5-21.

Winne P., "Experimenting to Bootstrap Self-Regulated Learning", *Journal of Educational Psychology*, Vol. 89, No. 3, 1997, pp. 397-410.

Zhao P., Johnson G., "A Theoretical Framework of Self-Regulated Learning with Web-Based Technologies", *Global TIME*, No. 1, 2012, pp. 163-168.

Zimmerman B. J., "Becoming a Self-Regulated Learner: An Overview", *Theory into Practice*, Vol. 41, No. 2, 2002, pp. 64-70.

Zimmerman B. J., Schunk D. H., "Motivational Sources and Outcomes of Self-regulated Learning and Performance", *Handbook of Self-regulation of Learning and Performance*, Vol. 5, No. 3, 2011, pp. 49-64.

三 其他类

The Horizon Report 2011 Edition（https：//eric. ed. gov/？id＝ED515956）.

National Staff Development Council. Standards for Staff Development（revised）（http：//www. nsdc. org/standards /index. cfm）.

Online Teacher Professional Development：A Usable Knowledge Conference at the Harvard Graduate School of Education（http：//gseweb. harvard. edu/~uk/otpd/overview/index. htm）.

Learning and Knowledge Analytics-Knewton-the Future of Education?（http：//www. learninganalytics. net/？p＝126，2011－04－17）.

Learning Analytics：The Coming Third Wave（http：//net. educause. edu/ir/library/pdf/ELIB1101. pdf）.

George Siemens：What are Learning Analytics？（http：//www. elearnspace. org/blog）.

Learning Analytics：Definitions，Processes and Potential（https：//www. semanticscholar. org/paper/Learning-Analytics%3A-Definitions%2C-Processes-and-Elias/732e452659685fe3950b0e515a28ce89d9c5592a）.

SNAPP：A Bird's-Eye View of Temporal Participant Interaction（http：//lak12. sites. olt. ubc. ca）.

WCET Predictive Analytics Reporting Framework Project Delivers Millions of Course Records for Review and Analysis（http：//www. prweb. com/releases/2011/10/prweb8882165. htm）.

Learning Analytics Framework（http：//www. greller. eu/wordpress/？p＝1467）.

附录 1

中小学教师在线自我调节学习问卷

尊敬的各位老师大家好！

本调查旨在了解中小学教师在线自我调节学习情况，以便为今后更好地开展在线学习提供参考，为中小学教师提供更加合理的在线学习支持服务，促进在线学习效果提升。在线自我调节学习需要大家在具备一定的计算机网络操作技能的基础上，对自己的在线学习进行规划、监控、调节和评价，在线自我调节学习也是信息化时代终身学习的重要能力。

您的认真填答对我们非常重要！答案不分对错，请您按照自己的真实感受填答，本次调查共包括43个题项，调查大概要占用您10—15分钟时间，在此衷心地对您的支持与配合表示感谢！

性别：□男□女

学历：□专科□本科□硕士□博士

所教学段：□小学□初中□高中

所教学科：□语文□数学□英语□物理□化学□生物□历史□政治□地理□信息技术□美术□音乐□体育□通用技术□其他

学校所在地：□市□县区□乡镇□村

Q1 在线学习过程中，我对在网络学习平台上顺利完成学习任务有信心。

□非常不同意□不同意□有点不同意□一般□有点同意□同意□非常同意

Q2 在线学习过程中，我对网络学习平台的相关操作有信心。

□非常不同意□不同意□有点不同意□一般□有点同意□同意□非常同意

Q3 在线学习时，我对于快速了解学习平台的功能有信心。

□非常不同意□不同意□有点不同意□一般□有点同意□同意□非常同意

Q4 在线学习环境中，我对于收发电子邮件以及上传和下载文件有信心。

□非常不同意□不同意□有点不同意□一般□有点同意□同意□非常同意

Q5 在线学习环境中，我对于使用在线交流工具（如电子邮件、论坛等）与他人进行交流有信心。

□非常不同意□不同意□有点不同意□一般□有点同意□同意□非常同意

Q6 在线学习过程中，我对于通过发表讨论帖子表达我的想法和情感有信心。

□非常不同意□不同意□有点不同意□一般□有点同意□同意□非常同意

Q7 在线学习环境中，我对于自己在网络学习平台讨论区提问题以及与其他教师同行就此问题进行交流有信心。

□非常不同意□不同意□有点不同意□一般□有点同意□同意□非常同意

Q8 与传统教师培训相比，我更喜欢在线形式的专业提升学习。

□非常不同意□不同意□有点不同意□一般□有点同意□同意□非常同意

Q9 参与在线学习可以丰富我的教学理论与实践知识。

□非常不同意□不同意□有点不同意□一般□有点同意□同意□非常同意

Q10 参与在线学习可以解决我工作和学习的矛盾。

□非常不同意□不同意□有点不同意□一般□有点同意□同意□非常同意

Q11 参加在线学习使我在职称评聘时更具有竞争力。

□非常不同意□不同意□有点不同意□一般□有点同意□同意□非常同意

Q12 在线学习过程中，我的学习成果能够被展示我感觉很高兴。

□非常不同意□不同意□有点不同意□一般□有点同意□同意□非常同意

Q13 参加在线专业提升学习，我渴望获得好成绩，成为优秀学员，这也是自身能力的一种体现。

□非常不同意□不同意□有点不同意□一般□有点同意□同意□非常同意

Q14 开始在线学习之前，我会反复阅读学习指导材料，明确学习平台操作、学习考核标准。

□非常不同意□不同意□有点不同意□一般□有点同意□同意□非常同意

Q15 在线学习过程中，我会利用表格、示意图、概念图以及思维导图等工具帮助自己理解所学的内容。

□非常不同意□不同意□有点不同意□一般□有点同意□同意□非常同意

Q16 在线学习过程中，我愿意用学习平台提供的在线笔记功能做学习记录。

□非常不同意□不同意□有点不同意□一般□有点同意□同意□非常同意

Q17 在线学习过程中，我感觉有用的教学理论、教学案例，尽管难理解我也会反复地观看加深理解。

□非常不同意□不同意□有点不同意□一般□有点同意□同意□非常同意

Q18 在线学习过程中，做阶段性测试题前，我会先看专家的视频讲解对知识进行巩固。

□非常不同意□不同意□有点不同意□一般□有点同意□同意□非常同意

Q19 在线学习过程中，学到新的教学理论时，我会试图与已有的理论进行联系和对比。

□非常不同意□不同意□有点不同意□一般□有点同意□同意□非常同意

Q20 即使辅导老师没有要求，我也会选择网络学习平台上提供的拓展资源和选修内容进行学习。

□非常不同意□不同意□有点不同意□一般□有点同意□同意□非常同意

Q21 学习新的知识时，我经常会回放视频讲座，回顾一下前面学过的内容。

□非常不同意□不同意□有点不同意□一般□有点同意□同意□非常同意

Q22 我尝试把在线学习过程中学到的教育教学理论应用到我的教学实践中，优化教学效果。

□非常不同意□不同意□有点不同意□一般□有点同意□同意□非常同意

Q23 在线学习过程中，学习到的重要教育教学理论，我一般愿意用自己的话来表达，加深理解。

□非常不同意□不同意□有点不同意□一般□有点同意□同意□非常同意

Q24 在线学习过程中，我会根据学习任务的特点制订具体的学习计划。

□非常不同意□不同意□有点不同意□一般□有点同意□同意□非常同意

Q25 在线学习过程中，我能够自我监控学习进度（例如：及时关注自己的学习进展，学到哪了，还有哪些没学）

□非常不同意□不同意□有点不同意□一般□有点同意□同意□非常同意

Q26 在线学习过程中，我能够有意识地督促自己去学习。

□非常不同意□不同意□有点不同意□一般□有点同意□同意□非常同意

Q27 在线学习过程中，我常常进行自我提问来帮助我理解学习内容。

□非常不同意□不同意□有点不同意□一般□有点同意□同意□非常同意

Q28 在线学习过程中，我能够不断地评价自己的学习效果，保证自己向预定的目标前进。

□非常不同意□不同意□有点不同意□一般□有点同意□同意□非常同意

Q29 在线学习过程中，我会时常反思自己的学习过程、学习方法并及时改进。

□非常不同意□不同意□有点不同意□一般□有点同意□同意□非常同意

Q30 在线学习过程中，如果我制订了学习计划，我会按照设定好的学习计划进行学习。

□非常不同意□不同意□有点不同意□一般□有点同意□同意□非常同意

Q31 在线学习过程中，我会设置短期和长期的学习目标。

□非常不同意□不同意□有点不同意□一般□有点同意□同意□非常同意

Q32 在线学习时，我会把一个大问题分解成几个小问题去完成。

□非常不同意□不同意□有点不同意□一般□有点同意□同意□非常同意

Q33 我能意识到自己在线学习过程中存在的问题并改进。

□非常不同意□不同意□有点不同意□一般□有点同意□同意□非常同意

Q34 在线学习过程中，我会根据自己的学习情况及时调整学习内容与进度。

□非常不同意□不同意□有点不同意□一般□有点同意□同意□非常同意

Q35 在线学习后，我会衡量自己是否完成了学习任务、达到了学习目标。

□非常不同意□不同意□有点不同意□一般□有点同意□同意□非常同意

Q36 在线学习效果不理想时，我会主动分析原因并做出调整。

□非常不同意□不同意□有点不同意□一般□有点同意□同意□非常同意

Q37 在线学习过程中，我能够选择适合自己的学习时间。（利用工作空闲或者下班时间）

□非常不同意□不同意□有点不同意□一般□有点同意□同意□非常同意

Q38 在线学习过程中，遇到困难我会向同伴求助。

□非常不同意□不同意□有点不同意□一般□有点同意□同意□非常同意

Q39 即使感觉网络学习平台提供的学习资源枯燥乏味，我也会坚持完成本次学习。

□非常不同意□不同意□有点不同意□一般□有点同意□同意

□非常同意

Q40 在线学习过程中，尽管我不喜欢专家讲座的内容，为了取得好成绩我也会努力学习。

□非常不同意□不同意□有点不同意□一般□有点同意□同意□非常同意

Q41 我通常选择一个能够集中自己注意力的地方参与在线学习。

□非常不同意□不同意□有点不同意□一般□有点同意□同意□非常同意

Q42 在线学习过程中，遇到很难理解的观点、概念时，我会向辅导教师寻求帮助。

□非常不同意□不同意□有点不同意□一般□有点同意□同意□非常同意

Q43 在线学习遇到困难时，我知道向哪些学习同伴寻求帮助。

□非常不同意□不同意□有点不同意□一般□有点同意□同意□非常同意

附录 2

在线自我调节学习干预策略满意度问卷

尊敬的各位老师大家好!

为期三个月的在线学习结束了,为了了解您对本次学习提供学习干预的感受,特编制了此调查问卷,问卷采取匿名填写的形式,您的认真填答将会成为今后调整在线学习指导与干预策略的重要参考,使我们能够在今后的在线学习中,为中小学教师提供更加合理有效的在线学习干预服务。

1. 在学习过程中,任务分析框架能帮助我顺利分析学习任务。
□非常不满意□不满意□一般□满意□非常满意

2. 学习目标分析框架能帮助我细化本次在线学习的目标。
□非常不满意□不满意□一般□满意□非常满意

3. 学习计划提示能够启发我根据自己的实际情况制订总体学习计划以及每周的学习计划。
□非常不满意□不满意□ 一般□满意□非常满意

4. 元认知自我提问提示能够启发我对所学内容进行思考、与已有知识进行联系与对比,以及如何将所学内容应用于教学实践。
□非常不满意□不满意□一般□满意□非常满意

5. 学习日志提示使我能够更深入的理解所学内容,思考自己学习计划的合理性,使我的学习更具有规律性和计划性。
□非常不满意□不满意□一般□满意□非常满意

6. 所提供的学习日历以及通过私信提供的学习时间提醒能够

帮助我更加合理地规划学习时间。

□非常不满意□不满意□一般□满意□非常满意

7. 辅导教师每周呈现的学习进度反馈能够帮助我了解自己以及学习同伴的学习进展，促进我及时调整自己的学习节奏，督促自己每周坚持学习。

□非常不满意□不满意□一般□满意□非常满意

8. 辅导教师每周定时用 QQ 发送学习任务完成情况的反馈信息，使我能够及时了解自己的学习状态，意识到自己在学习过程中存在的问题，并及时进行调整。

□非常不满意□不满意□一般□满意□非常满意

9. 辅导老师定期呈现的交流互动参与人员反馈信息，能够促进我积极地参与交流讨论。

□非常不满意□不满意□一般□满意□非常满意

10. 辅导老师推荐的学习资源有针对性，能够满足我的学习需求。

□非常不满意□不满意□一般□满意□非常满意

11. 辅导老师定期组织的实时学习活动使我与其他同行有了更多的交流，增加了学习兴趣，减少学习的孤独感。

□非常不满意□不满意□一般□满意□非常满意

12. 辅导老师推荐的优秀学员作品，对我的学习和今后教学实践有帮助。

□非常不满意□不满意□一般□满意□非常满意

13. 看到自己的作品被同伴给予积极评价反馈，增强了我的学习信心和学习兴趣。

□非常不满意□不满意□一般□满意□非常满意

14. 辅导老师每周固定时间组织的在线答疑活动能够帮助我解答疑难问题。

□非常不满意□不满意□一般□满意□非常满意

15. 利用 YY 语音开展的专家和学习同伴讲座活动，能够帮助我加深对学习内容的理解。

□非常不满意□不满意□一般□满意□非常满意

16. 辅导老师推荐的在线学习笔记能够帮助我记录学习的重点和难点问题，有助于理解和复习。

□非常不满意□不满意□一般□满意□非常满意

17. 辅导老师每周推荐学习榜样能激发学习动机，促进我向榜样学习。

□非常不满意□不满意□一般□满意□非常满意

18. 学习初期，辅导教师推荐的 YY 语音学习活动使我明确在线自我调节学习的重要性。

□非常不满意□不满意□一般□满意□非常满意

19. 在线学习过程中，您认为定期呈现的学习进度可视化反馈，以及具体学习进展可视化反馈对你的学习是否有帮助，请举例说明。

20. 在线学习过程中，您认为辅导教师提供的学习计划提示、元认知提示对您的学习是否有帮助，举例说明。

21. 在线学习过程中，您认为辅导教师提供的学习时间提示对您的学习是否有帮助，举例说明。

22. 在线学习过程中，辅导教师推荐的学习资源、学习活动以及学习工具，对您的学习是否有帮助，举例说明。

23. 辅导教师每周推荐学习榜样的标准您是否认可？对您的学习是否有促进作用，举例说明。

附录 3

学习计划制订提示框架

姓名_____ 学科_____ 单位_____

总体学习目标：					
阶段性学习目标（对整体学习目标的分解）	学习时间（学时数或者分钟数）、拟定参与学习的时间段	学习内容	参与的学习活动	完成学习任务	评估方式
目标 1：					
目标 2：					
目标 3：					
目标 4：					
目标 5：					
目标 6：					
目标 7：					
目标 8：					

备注：1. 整体学习目标是指为自己学习设定的总目标：比如通过本次学习，打算如何改善自己的课堂教学，尝试运用什么技术优化课堂教学效果等。

2. 阶段性学习目标则将整体目标进行分解。比如先想学哪种信息技术，学习哪些案例，参与哪些讨论，完成哪些作业等。

3. 评估方式：主要是指在学习过程中如何督促自己学习，以及如何检验自己的学习效果等。

附录 4

学习反思日志提示框架

1. 反思自己本周的学习目标是否明确,是否按照自己计划进行学习,学习任务分解的是否合理,以及为了达到学习目标所选择的学习活动和学习序列的合理性?举例说明。

2. 在本周的学习过程中,你采用什么方法监控自己的学习活动,了解自己的学习状态?举例说明。

3. 在本周的学习过程中,你遇到了哪些学习困难,出现了哪些错误,你是如何解决的?举例说明。

4. 在本周学习过程中，是否顺利完成了学习任务，有哪些收获，在哪些方面对你今后的教学有所帮助？举例说明。

5. 自己在今后的教学工作中是否愿意应用信息技术，是否愿意更多地尝试运用新技术优化课堂教学？

附录 5

信息技术与学科教学
融合教学设计提示框架

学　　科_____　　　　所教年级_____

教师姓名_____　　　　联系方式_____

章节名称（请选择你认为所教学科适合运用信息技术与课程进行融合的某一章节）

计划学时数	
授课地点	（传统教室、多媒体教室、网络教室、移动学习环境、智慧教室等）

一、教学内容分析（简要说明学习内容、这节课的价值、为什么这节课要应用信息技术）

二、信息技术选择分析（你所了解和掌握你所教学科可以应用的信息技术有哪些？在这节课你计划选用哪种信息技术，如何与课程教学内容相融合，为什么选择这种信息技术？）

三、教学目标（从知识与技能、过程与方法、情感态度与价值观三个维度对该课题预计要达到的教学目标做出一个整体描述）

四、学习者特征分析〔说明学习者在知识与技能、过程与方法、情感态度等三个方面的学习准备（学习起点），以及学生的学习风格。最好说明教师是以何种方式进行学习者特征分析，如通过平时的观察、了解或是通过测验等〕

五、教学策略选择与设计（说明本课设计的基本理念、主要采用的教学方法和策略，以及信息技术如何帮助你实现教学目标）

六、教学重点及难点（说明本课的重难点，描述信息技术在突破重难点问题方面所起的作用）

七、教学过程（这一部分是该教学设计方案的关键所在。要说明教学的具体环节及所需的资源支持、主要活动及其设计意图）

教师活动	预设学生活动	设计意图

八、教学评价设计［创建量规，向学生展示评价标准（来自教师和小组其他成员的评价）。也可以创建一个自我评价表，让学生对自己的学习进行评价］

九、教学情况预设（在信息技术与课程融合的过程中可能会出现的问题，设备故障、课件播放问题、教室网络环境问题等，请举例说明，并提出可能的解决方案。如果已经上完的课可以描述实际发生的情况）

十、教学反思（请写下有关信息技术应用到教学中的教学反思。包括信息技术选择的是否合理，信息技术起到了哪些作用，是否有更好的信息技术与课程融合的策略）

    1. 在教学过程中，你（计划）如何获得学生的学习反馈，进而对教学行为进行调整？

    2. 反思选择的信息技术是否合理，信息技术起到了哪些作用？

    3. 你认为是否还有更好的信息技术可以应用于本节课，为什么？

注：填写表格时，请认真阅读括号内提示信息后，再填写具体内容。

附录 6

持续学习计划提示框架

信息技术应用能力持续提升计划		
姓名		教龄	
工作单位		班级	
信息技术应用现状分析			
信息技术能力提升目标			
今后具体实施计划及方法（包括学习与实践两部分）			
挑战与解决办法			

附录 7

评估阶段反思提示

1. 反思自己本次在线学习最初的学习目标是否明确，阶段性学习目标、学习任务分解的是否合理，以及为了达到学习目标所选择的学习活动和学习序列的合理性？举例说明。

2. 在学习过程中，你采用什么方法监控自己的学习活动，了解自己的学习状态？举例说明。

3. 在学习过程中，你遇到了哪些学习困难，存在哪些问题，你是如何解决的？举例说明。

4. 你在学习过程中是否顺利完成了学习任务，有哪些收获，在哪些方面对你今后的教学有所帮助？举例说明。

附录 8

历史学科必修课程学习内容

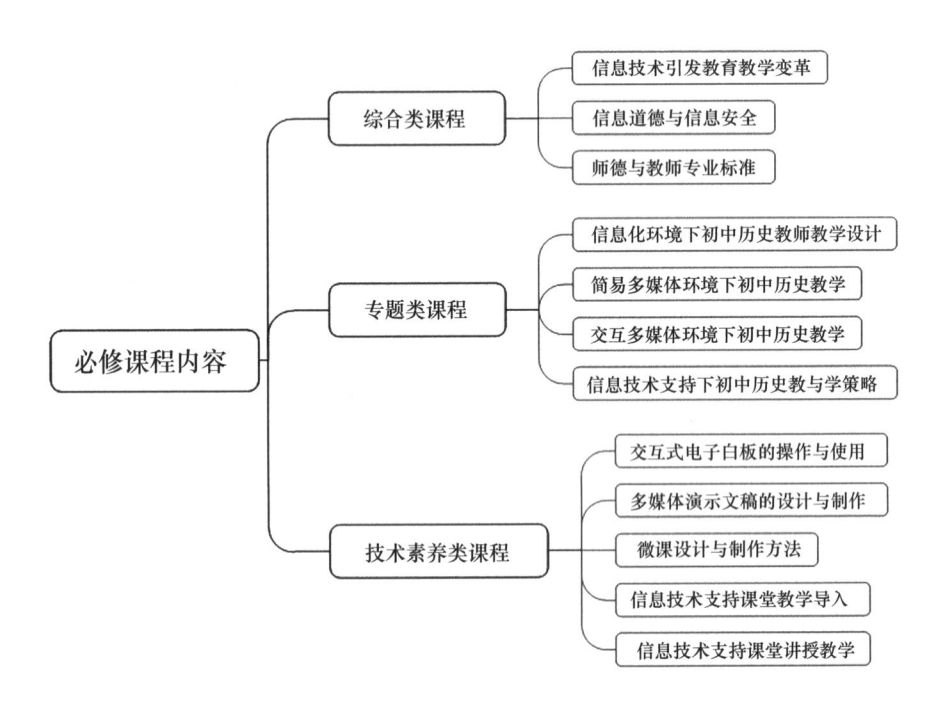

- 必修课程内容
  - 综合类课程
    - 信息技术引发教育教学变革
    - 信息道德与信息安全
    - 师德与教师专业标准
  - 专题类课程
    - 信息化环境下初中历史教师教学设计
    - 简易多媒体环境下初中历史教学
    - 交互多媒体环境下初中历史教学
    - 信息技术支持下初中历史教与学策略
  - 技术素养类课程
    - 交互式电子白板的操作与使用
    - 多媒体演示文稿的设计与制作
    - 微课设计与制作方法
    - 信息技术支持课堂教学导入
    - 信息技术支持课堂讲授教学

附录 9

历史学科选修课程学习内容

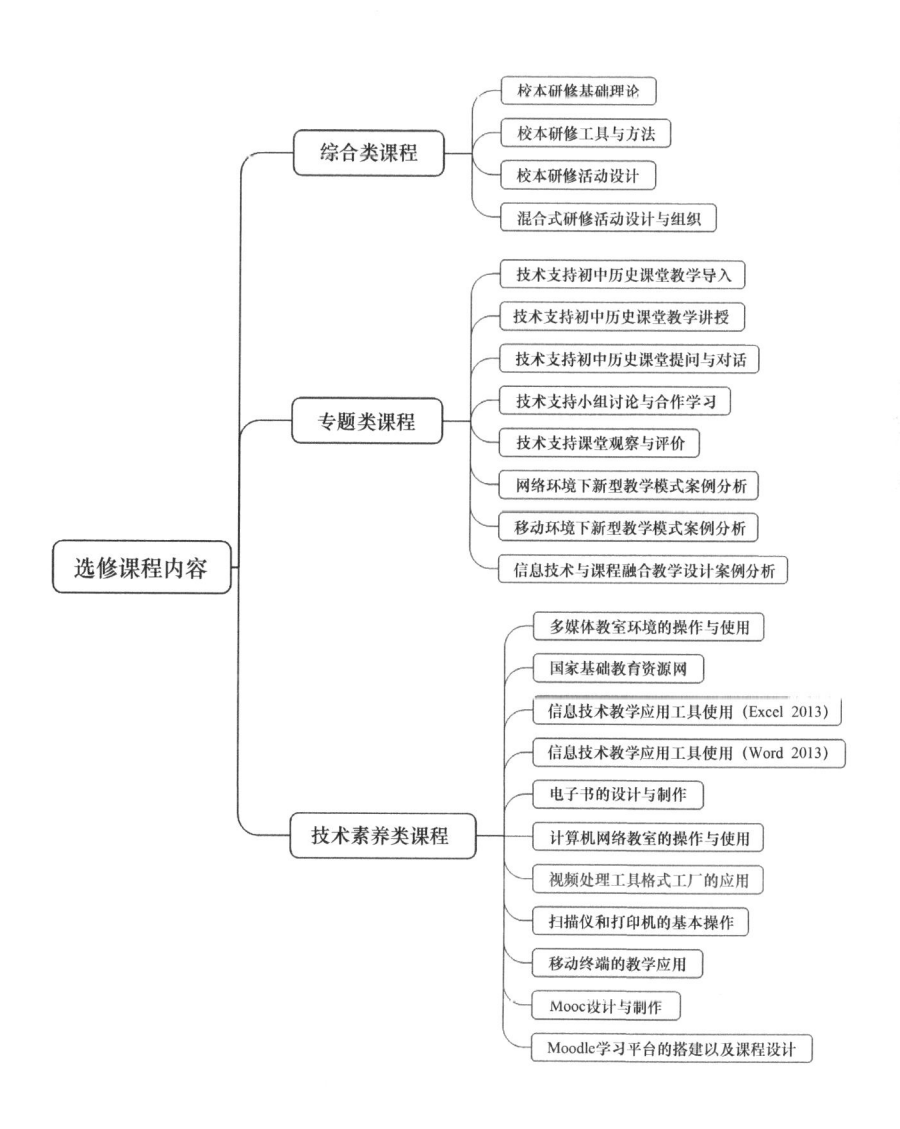

- 选修课程内容
  - 综合类课程
    - 校本研修基础理论
    - 校本研修工具与方法
    - 校本研修活动设计
    - 混合式研修活动设计与组织
  - 专题类课程
    - 技术支持初中历史课堂教学导入
    - 技术支持初中历史课堂教学讲授
    - 技术支持初中历史课堂提问与对话
    - 技术支持小组讨论与合作学习
    - 技术支持课堂观察与评价
    - 网络环境下新型教学模式案例分析
    - 移动环境下新型教学模式案例分析
    - 信息技术与课程融合教学设计案例分析
  - 技术素养类课程
    - 多媒体教室环境的操作与使用
    - 国家基础教育资源网
    - 信息技术教学应用工具使用（Excel 2013）
    - 信息技术教学应用工具使用（Word 2013）
    - 电子书的设计与制作
    - 计算机网络教室的操作与使用
    - 视频处理工具格式工厂的应用
    - 扫描仪和打印机的基本操作
    - 移动终端的教学应用
    - Mooc设计与制作
    - Moodle学习平台的搭建以及课程设计